志愿者文化丛书

钱理群
编选·导读

晏阳初 卷

生活·讀書·新知 三联书店

图书在版编目（CIP）数据

志愿者文化丛书．晏阳初卷／钱理群编选、导读．—北京：
生活·读书·新知三联书店，2018.11
ISBN 978 - 7 - 108 - 06232 - 1

Ⅰ．①志…　Ⅱ．①钱…　Ⅲ．①晏阳初（1890-1990）－平民教育－
教育思想－研究　Ⅳ．① C ② G40-092.7

中国版本图书馆 CIP 数据核字（2018）第 021481 号

责任编辑　叶　彤
装帧设计　薛　宇
责任校对　龚黔兰
责任印制　徐　方
出版发行　**生活·讀書·新知** 三联书店
　　　　　（北京市东城区美术馆东街 22 号 100010）
网　　址　www.sdxjpc.com
经　　销　新华书店
印　　刷　河北鹏润印刷有限公司
版　　次　2018 年 11 月北京第 1 版
　　　　　2018 年 11 月北京第 1 次印刷
开　　本　787 毫米 × 1092 毫米　1/32　印张 6.5
字　　数　90 千字
印　　数　0,001 - 8,000 册
定　　价　28.00 元

（印装查询：01064002715；邮购查询：01084010542）

《志愿者文化丛书》

总 序

　　"志愿者"是 21 世纪以来出现的、以青年为主体的新的社会群体，按中国的传统，称为"义工"。它的基本特点，一是志愿性，即内发性（出于自我内在生命的需要，而不是外在功利的诱惑）和自发性（是自己的主动、自主的选择，而非外在力量的强制）；二是民间性和公益性：既是非政府性的组织，又是非营利性的组织，是人们说的"第三部门"。它对政府机制和市场机制形成必要的补充与制约。

　　不难看出，这样的志愿者组织，是以某种共同的价值观、生活观凝聚在一起的：许多人奉行个人中心主义和极端利己主义，这群人却尝试"利我利他，自助助人"的新的伦理；许多人沉湎于个人的无止境的物质享受、感官刺激、奢侈消费，这群人却相信人不仅有物质的欲望，更有精神的追求，尝试着一种"物质简单，精神丰裕"的新的生活方式；许多人奉行将他人视为敌人的丛林法则，进行残酷的你死我活的生存竞争，这群人却尝试着视他人为兄弟，在志愿者与服务对象之间，在志愿者之间，建立起人与人相互信任、尊重、支持的新关系；许多人陷入所想与所做的分离，将真实的自我掩饰、保护起来，被迫或主动生活在谎言中，这群人却尝试着通过志愿者活动将"想、说、行"统一起来，努力生活在真实之中，如此等等。

志愿者组织在某种程度上，就是一所公民大学堂。志愿者将在这个自主、自由、多元、开放的群体中，学会参与和独立创造，学会对话、合作和互助，学会平等、公平和互惠，学会宽容、妥协、自我约束和相互监督。

这样的新理想、新思想、新伦理、新价值、新的生活方式、新的人与人的关系以及新的人与自然的关系……就构成了全新的"志愿者文化"。

而这样的志愿者文化，正在遭遇新的挑战。随着志愿者公益组织被社会和公众广泛认同，随着社会组织日益壮大与发展，也出现了新的危机：它很容易成为一种"时髦"，和某种利益捆绑在一起，人们纷纷盲目加入，却不去思考其背后的理念，这样，就会逐渐模糊、稀薄最初的理想、追求，失去了目标，造成独立性的丧失，甚至被异化，同时内部的矛盾也会逐渐暴露与激化，甚至导致分化。这样，志愿者组织自身的思想建设，就成为迫在眉睫的任务；其核心就是志愿者文化的建设，即要重新回到最初的出发点上，思考"我是谁？我要做什么？我要达到什么目标？"。

更重要的是，我们还面临着一个开拓与发展志愿者文化，使其本土化的历史任务。我们今天在讨论志愿者文化时，更多地借鉴了西方的资源，这是可以理解的，并且是必要与有益的，但又是不够的。因为不仅这些外来的思想、理念本身有一个和中国国情相适应的问题，而且中国本土，无论是古代传统、现代传统，还是民间传统里，都存在着丰富的思想、文化、理论资源，足以成为我们今天所提倡的志愿者运动的精神滋养。

我们还注意到，随着中国社会的发展，近年来，出现了社会工作者这一新的职业群体。他们大都经过大学教育的专业训练，所从事的也是专业工作，因而有别于志愿者群体。但他们担负的是社会服务工作，也有自己的社会工作伦理，他们也需要有志愿者精神，也同样需要从中国传统里吸取资源，实现社会工作的本土化。

我们编选这套《志愿者文化丛书》，就是要对中国本土的志愿者文化资源进行一次发掘、整理与研究。首先推出的是现代资源，除了介绍现代文化的先驱鲁迅关于"中国人和中国社会的改造"的思想外，重点在推出20世纪三四十年代平民教育与乡村改造、建设的四大先驱梁漱溟、晏阳初、陶行知、卢作孚的理论与实践；以后，如有条件，我们还准备进一步发掘中国儒家与墨家的资源。为了便于年轻的志愿者和社会工作者朋友的阅读与学习，我们从先驱者浩繁的著作里，精心选编了相关的语录，附有部分原文，并有详尽的"导读"。我们期待，这套丛书能成为志愿者公益组织思想建设和社会工作者教育的阅读文本，有助于志愿者和社会工作者朋友，走进先驱者的精神世界，和他们进行心灵的交流。同时，我们也清楚，这是一项开拓性的工作，编选中的缺点与不足，在所难免，因此，欢迎读者不吝赐教。

2013 年 2 月 14 日

目 录

导　读

茫茫海宇寻同志，历尽了风尘，结合了同仁。

共事业，励精神，并肩作长城。

力恶不出己，一心为平民。

奋斗与牺牲，务把文盲除尽。

男男女女，老老少少，一起见光明。

一起见光明，青天无片云。

愈努力愈起劲，勇往向前程。

飞渡了黄河，踏过了昆仑，唤醒旧邦人。

大家齐做新民，意诚，心正，身修，家齐，国治，天下平。

——《平教同志歌》

在 20 世纪 20、30、40 年代中国平民教育和乡村建设运动中，晏阳初无疑是最重要的代表人物。如研究者所说，晏阳初所领导的教育和乡村改革实验，"无论就其规模之宏大、历史之长久、组织之严密、计划之周详、参加的教育与农业等专业人员之众多，以及运用现代教育理论指导实践的深度与广度来看，都是极为引人注目的"。[1] 晏阳初（1890—1990）在百岁人生的历程里，留下的是一个个辉煌的足迹，即晏阳初所说的"乡村改造运动史"上的"几个历史事件"[2]：1917年，在第一次世界大战的欧洲战场上，十七岁的晏阳初从事华工服务，为他们办汉文班，编《驻法华工周报》，认识了"苦力"之"苦"和"力"，由此走上了平民教育之路；1922年，作为青年会平民教育科的主持人，晏阳初又在长沙、武汉等地组织大规模的市民识字运动，他的同龄人毛泽东也是其中的义务教员，

1　宋恩荣：《〈晏阳初全集〉序言》，见《晏阳初全集》第 1 卷，第 23 页，湖南教育出版社 1989 年出版。

2　晏阳初：《在危地马拉训练班结业典礼上的讲话》（1965 年 4 月 29 日），见《晏阳初全集》第 2 卷，第 407 页，湖南教育出版社 1992 年出版。

这是晏阳初平民教育在国内的小试身手；1923 年，"中华平民教育促进会"正式成立，晏阳初被聘任为总干事；1929 年，晏阳初走出了他一生事业中决定性的一步：到定县主持全面改革农村教育与建设的研究与实验，以此作为整个中国社会问题研究的试点，并创造了"定县主义"和"定县精神"；1932 年，国民政府召开内政会议，通过县政改革案，晏阳初担任河北县政建设研究院院长，并以定县为县政建设实验区，这标志着定县实验进入一个以县政改革为中心的新阶段；1934 年，全国乡村重建会议召开，全国乡村建设的团体达六百余个，实验区和实验点达一千余处，晏阳初的定县之外，梁漱溟领导的山东邹平、陶行知领导的南京晓庄、卢作孚领导的四川北碚、黄炎培领导的江苏昆山、高践四领导的无锡黄港实验都有很大影响，乡村建设实验蔚然成风；[1] 1936 年，晏阳初又应湖南省政府之请，创建衡山实验县；1937 年抗战全面爆发，

---

1 参看刘重来《卢作孚与民国乡村建设研究》，第 52 页，人民出版社 2007 年出版。

晏阳初立即组织"农民抗战教育团",同时坚持乡村改造实验,并把范围扩展到四川新都和重庆附近的"第三专员区"的璧山、巴县、北碚、铜梁、綦江县、合川、江北等县。1941年在重庆歇马场建立的乡村建设育才学院更是为抗战时期的乡村建设培养了大批人才;1948年,在晏阳初的推动下,美国众议院和参议院通过《晏阳初条款》,规定美国对华援助的百分之十用于支持中国乡村改造,中美遂成立农村复兴联合委员会,晏阳初为三位中国委员之一,后来"农复会"对台湾地区的土改、乡村改造,以至经济复兴都起了很大作用;1951年,晏阳初去职到美国,建立了国际平民教育运动委员会,并积极推动国际乡村改造运动(LMEM);1958年,在晏阳初的倡导下,菲律宾创建了国际乡村改造学院,他先后协助菲律宾实行乡村改造三年计划,并协助亚洲的泰国和拉丁美洲的危地马拉、哥伦比亚成立乡村改造促进委员会。这样,定县实验的经验得到了世界范围内的推广,并适应第三世界各国不同的国情,有了新的创造与发展,晏阳初因此被称为"国际平民教育和乡村改造运动之父"。

如晏阳初自己所说，他"穷干，苦干，硬干"了一辈子，"从中国干到世界上干"。[1]他在《九十自述》里总结说："'三C'影响了我一生：孔子（Contucius）、基督（Chyist）和苦力（Cooties）。"面对各种赞扬与质疑，他如此"自剖"："我是怎样的一个人呢？我是中华文化与西方民主思想相结合的一个产儿。我确是有使命感和救世观；我是一个传教士，传的是平民教育，出发点是仁和爱。我是革命者，想以教育革除恶习败俗，去旧创新，却不注重以暴易暴，杀人放火。如果社会主义的定义是平等主义——机会和权益的平等，我也可以算是一个社会主义者，但我希望人类以和平的方式解决问题，故不赞成斗争，也不相信阶级决定人性。我相信，'人皆可以为舜尧'。圣奥古斯丁说：'在每一个灵魂的深处，都有神圣之物。'人类良知的普遍存在，也是我深信不疑的。"[2]

1　转引自吴福生《我看晏阳初》，《晏阳初纪念文集》，第49页，重庆出版社1996年出版。
2　晏阳初：《九十自述》（1987年），见《晏阳初全集》第2卷，第508、529—530页。

　　有意思的是，首先引起国际重视和认同的，是"革命者"晏阳初：1943 年，美国纽约市科斯克图森科基金会和哥白尼逝世四百周年全美纪念委员会，成立了由世界百余所著名大学和研究机构代表组成的特别表扬委员会，推选"我们时代里具有哥白尼的革命精神"，"在处理问题的思想和方法上已做出或正在做出具革命性意义的贡献"的"当代革命伟人"，晏阳初和爱因斯坦、杜威、福特等十人同为获奖者。[1] 1948 年，国际东西方协会给晏阳初授奖时则称他为"出身于书香世家的中国人民的儿子和世界公民"，并赞扬说："你已准备了一整套不但能为中国，而且能为世界任何地方的平民改善生活，并被证明为行之有效的办法。你在世界黑暗之处点燃了一盏明灯。"[2] 1983 年，他在九十寿辰时[3]，获"人民国际"授予的"艾森豪威尔大奖章"，以

1　《晏阳初膺选"现代世界具有革命性贡献伟人"的文件》，见《晏阳初全集》第 3 卷，第 797—798 页，湖南教育出版社 1992 年出版。

2　《东西方协会主席和董事会的奖辞》（1948 年），见《晏阳初全集》第 3 卷，第 799 页。

3　晏阳初本人一直认为自己出生于 1893 年，与卢作孚、梁漱溟、毛泽东同龄，1983 年即为九十大寿，1988 年、1989 年即为九十五、九十六岁寿辰；但后来查晏氏家谱，才订正为 1890 年出生。

表彰其"对世界和平和相互理解的特殊贡献"。1987年,美国总统里根为晏阳初颁发"杜绝饥饿终身成就奖",赞誉他"六十余年来,为杜绝第三世界饥饿和穷困根源,始终不渝地推广和开拓着一个持续而综合的计划"。[1]1988年,里根为晏阳初祝寿时又表示:"我始终相信,人们有潜力解决自身的问题。我很赞赏您为发扬这一思想所做的终身努力","您为免除人类的愚昧和贫穷所做出的贡献,是您赐予未来一代最宝贵的财富。您是一个真正的人!"[2]1989年,美国新任总统布什也为晏阳初祝寿,称"您是我们人类的颂歌",并这样谈到他对晏阳初思想的理解:"您已使无数的人认识到:任何一个儿童绝不只是有一张吃饭的嘴,而是具备无限潜力的、有两只劳动的手的、有价值的人。"[3]这都是非常到位的评价。但在中国,晏阳初却长期受

---

1 《美国总统罗纳德·里根颁"杜绝饥饿终身成就奖"(1987年)》,见《晏阳初全集》第3卷,第302页。
2 《罗纳德·里根致晏阳初95寿辰贺辞》(1988年),见《晏阳初全集》第3卷,第803页。
3 《乔治·布什致晏阳初96寿辰贺辞》(1989年),见《晏阳初全集》第3卷,第804页。

到曲解并被强迫遗忘，直到1985年才由当时的全国人大常委会副委员长周谷城出面，邀请晏阳初回国访问，并给予重新评价，恢复了他的"享誉国内外的著名平民教育家、乡村改造运动的倡导者和实践家"的历史地位。[1]近二三十年来，晏阳初得到了广泛的认同，人们赞扬他是中国农民的"真正朋友"[2]，说他"心中只有农民，他的一言一行都是为了农民的利益"，他"非凡的智慧和坚毅来自对农民的忠诚"[3]，"他彰显并证实了人类精神中的潜力和弹性"[4]。更重要的是，这些年陆续出现的一批青年志愿者，作为新一代的乡村建设者，他们以"晏阳初"命名自己的乡村建设基地，表明晏阳初的事业在他的祖国、故土有了继承人，这自然是意义重大、影响深远的。

晏阳初在他生前最后一次的公开演讲里表示："愿

1　雷洁琼：《晏阳初——平民教育运动的开拓者》，见《晏阳初纪念文集》，第1页。
2　胡絜青：《小小的认识》，见《晏阳初纪念文集》，第2页。
3　陈志潜：《乡村建设的先驱》，见《晏阳初纪念文集》，第8页。
4　吕健心：《我的自我认同过程》，见《晏阳初纪念文集》，第87页。

我毕生的工作——乡村改造——成为我的遗产。"[1] 这是一份十分丰富厚重的遗产，它首先体现为一种广泛、持久、富有成效的实践活动，令后人永远怀想；同时，它更具有极大的理论含量，而且这是真正从中国现代社会实践中提炼出来的理论，是本土的又是现代的中国教育思想和乡村改造与建设思想，因此它也就能够超越其所产生的时代，而对中国现代教育与社会改造产生持续的影响，以致我们今天重读晏阳初当年的著述时，常常有亲聆教诲、如耳提面命之感。用我习惯的说法来说就是，晏阳初的思想和本丛书所讨论的鲁迅、梁漱溟、陶行知、卢作孚的思想一样，都"活在当代中国"。而我们要继承他们的遗产，也首先要通过阅读他们的著作，领悟其思想，感受其精神，并以之作为我们正在从事的改造中国农村教育与社会的新的实践的精神资源。

1　转引自理查德·埃尔斯·大卫《在晏阳初诞辰一百周年纪念会上的讲话》（1993年10月26日），见本书"晏阳初论平民教育与乡村改造（语录）"部分（以下简称《晏阳初语录》）。

（一）

我们阅读晏阳初，要从他的一个隐忧开始。在前面的讨论里，我们提到，1934年，中国的平民教育与乡村改造运动出现了第一个高潮；在1935年的一次讲话里，晏阳初即发出了这样的警示："中国民众教育及农村建设，时至今日，空气如此浓厚，潮流如此高涨，这一方面可以说是好现象，另一方面也非常危险。当然大家热心提倡，固可以乐观，可是危险性即潜伏在其中。"他提醒人们注意历史的经验教训："中国自鸦片战争以后，不知有过多少次的大运动，当时的知识分子都是参加过的，而其结果，都是不久即变为无声无息。"在他看来，这也正是当时的乡村运动所面临的危机，"因为农村建设似乎已成为最时髦的口头禅，一般人似乎不无'抱着人云亦云，人做亦做'的心理来参加。至于怎样做法？什么人做？做些什么？——从这些方面去研究的人实在太少了"。他为此而忧心忡忡："我恐怕农村建设和民众教育再过几年以后，也要变成无声无息，蹈以往诸运动的覆辙了！"于是他大声疾呼：

"我们做农村建设和民众教育的同志们更须努力了！我们须明了现在中国民族的真问题之所在，然后抱着牺牲一切的精神去求其解决！"[1]

读了晏阳初先生的这些肺腑之言，我的心怦然而动：不仅为他的清醒、坚定、远见而感佩不已，更想到当下的中国志愿者运动和乡村改造运动——我们不也是这样，走过了最初创业的艰难，"志愿者"开始成为一种"时髦"和"口头禅"。但又有几人像当年的晏阳初这样，意识到"危险性即潜伏在其中"？或许我们就应该从这样的危机感和自省里，找到走近晏阳初的途径；而且我们也要带着当年晏阳初大声疾呼的两个问题：如何把握当代乡村运动的"真问题"，以及应抱着怎样的精神去"求其解决"，"怎样做法？什么人做？做些什么？"，以此为切入口，来阅读和讨论晏阳初的有关论述。

在我的理解里，这里有四个问题。

1　晏阳初：《平民教育促进会工作演进的几个阶段》（1935 年 10 月），见《晏阳初全集》第 1 卷，第 393 页。

晏阳初是一位有着强烈、坚定的目标感与危机感、使命感的思想家与实践家。他的危机感，来自他认定平民教育和乡村建设运动一旦成为"时髦的口头禅"，就有可能模糊甚至失去目标，从而无法完成自己的既定历史使命。在他看来，目标的确定与坚守，必须建立在深厚的哲理基础上，他在《九十自述》里，总结自己的人生经验，将之归结为"腹有哲理气自雄"[1]。因此，我们要关注与讨论的第一个问题就是——

▶做事情（从事平民教育、乡村建设事业）的哲理基础与目标

晏阳初对自己的哲学基础与"目的"的概括是："保持和发展中国社会民主哲学的宝贵财产，引进和实行西方政治民主思想的精华，以此奠定现代民主中国的基础。"[2]这是传统民本主义思想和现代人本主义，人权、

1　晏阳初：《九十自述》，见《晏阳初全集》第2卷，第497页。
2　晏阳初：《致M.菲尔德》（1945年4月28日），见《晏阳初语录》。

民主思想，人民主体思想的结合。我们可以从七个层面来展开讨论。

其一，晏阳初晚年在一篇总结自己一生追求的演讲里，开宗明义地说："我们从事乡村工作主要的一个哲学就是'民为邦本，本固邦宁'。"[1]这确实是他的思想与实践的一个基本出发点与归宿。我们更应注意的，是他由此引发的关于中国发展道路与目标的思考："人民是国家的根本，要建国，先要建民；要强国，先要强民；要富国，先要富民。世界上无论任何国家，都是一样，从来没有哪一个国家，是国势强大而人民衰弱与人民贫困。"[2]这一极其朴实的思想中，凝聚着中国现代化发展最深刻的历史教训：我们长期坚持的是一条"富国强兵"的国家主义发展路线，并要求人民为此付出一切牺牲，以致中国长期面临着晏阳初当年所担忧的"国势强大"而人民相对"衰弱"和"贫困"的矛盾。如晏阳初所说："名义上虽然号为民主国家，事实上不

1　晏阳初：《我为什么第二次回到祖国》（1987年7月10日），见《晏阳初语录》。
2　晏阳初：《乡村改造运动十大信条》（1988年4月），见《晏阳初语录》。

论人民全体或多数，甚至连少数，都没有解决问题的智能；遇着问题发生的时节，只是淡漠旁观，惊骇躲避，或是抑郁烦闷，暴躁妄为，相率而出于轨道外的行动，形成一种恶势力。这岂特为我中华自招的不幸，亦将延为全世界的浩劫。"[1] 晏阳初此文写于 1927 年，数十年后，中国的不少老百姓依然处于类似的境地，遇事"淡漠旁观""抑郁烦闷""暴躁妄为"的反应，已成为常态。在一定意义上可以说，这就是当代中国的"真问题"所在："民为邦本，本固邦宁"，人民若处于经济与社会、政治的弱势地位，国势强大也是虚空的，本不固，邦何以宁？因此，我们依然要回到历史的起点，像当年晏阳初所说，从根本上改变人民的"衰弱"与"贫困"状态，这是"平民教育的宗旨目的和最后的使命"。

其二，在晏阳初这里，作为国之"本"的"民"，是有明确的内涵、外延与指向的，那就是占中国人口80% 的，"不会读与写"、处于贫困愚昧状态的、被排

---

[1]　晏阳初：《平民教育的宗旨目的和最后的使命》（1927 年），见《晏阳初语录》。

斥在"国家事务的管理"之外的"平民"即底层百姓。[1]晏阳初也把他们叫作"苦力"。随着晏阳初对中国国情的体认逐步深入,他又进一步提出:"'苦力'是谁?是农民"[2],"农民是全国民众的最大重心,是民族的维系者与整个国家的依存者"[3]。他还做了很有意思的论证:不仅"乡下人占全人口的绝大多数",而且"世居城市的市民,他们的祖先,什九都是乡下人",因此"不但代表中国国民的应该是农民,连中国的人种也是出于农村",结论是,"中国人的基础在农村","复兴民族,首当建设农村,首当建设农村的人"。[4]这样,晏阳初的民本主义思想就在农本主义这里找到了更为坚实的基础:这也是中国的传统。

晏阳初要追问的是:"建设农村,既然这样重要,为什么不去建设呢?"他提出三个要点:一是"没有

1 晏阳初:《平民教育运动》(1924 年 9 月),见《晏阳初语录》。
2 晏阳初:《在成都校友欢迎会上的讲话》(1985 年 9 月 18 日),见《晏阳初语录》。
3 晏阳初:《关于我们为何发起农民抗战教育的广播稿》(1937 年 11 月 23 日),见《晏阳初语录》。
4 晏阳初:《农村建设要义》(1938 年 4 月),见《晏阳初语录》。

认识问题所在"，"真正的基础问题没有抓住"；二是"受西洋文化的影响"："西洋文化是工业文化，工业文化集中于城市。中国许多留学生，到西洋去搬回来的，就是这一套。一切建设都以城市为中心，就无所谓农村建设"；三是"中国士大夫的麻木"："旧的士大夫，自居四民之首，不辨菽麦，不务稼穑，'村夫''农夫'成了他们骂人的口头禅！新的士大夫呢，从东西洋回来，一样地不屑讲农村建设，斥农民为'麻木不仁'。"[1]这都击中了问题的要害，今天仍不失其启示意义。

其三，由此引发的是一个重要问题：究竟应该如何看待中国的"苦力"（农民）？晏阳初回忆说，他的思想发展就是以思考这一问题为起点的："我哪里了解我的人民？真的一无所知。直到看到第一次世界大战期间服务于法国战场的华工，我才认识到我们的民众不仅是极痛苦的人民，而且这些苦力也是真正伟大的人民。"[2]于是就有了第一个晏阳初式的命题："'苦力'

1　晏阳初：《农村建设要义》
2　晏阳初：《抗日战争以来的平民教育》（1948 年 4 月 14 日），见《晏阳初语录》。

之苦"与"'苦力'之力"。这二者构成了晏阳初所说的他发现的"新人物"（"苦力"）的不可忽略与分割的两个侧面：正是作为"苦力"的中国农民，承担了民族的苦难，也集中了民族的"潜伏力"，成为民族自救的依靠与希望。这样的"苦力（农民）观"，就突破了中国传统与西方的精英主义的民众观。因此，它同时引发的是对知识分子的反省，也是自我的反省。晏阳初提出了著名的"两盲"说："一种是生活在社会底层的不识字无知无识的瞎子，叫'文盲'；一种是虽有知有识，但处在社会上层，远离劳苦大众，不了解广大人民的疾苦，更看不到人民身上的潜在力量，这种人也是瞎子，我称之为'民盲'。"[1] 晏阳初把这叫作他的两个革命性的发现：既"学会了评价农民"，也"认识到我们自己——知识分子的无知"。[2] 由此产生的是"中国历史上第一次把学人和'苦力'联结起来"[3] 的自觉。

---

1 晏阳初：《乡村改造运动十大信条》。
2 晏阳初：《关于乡村改造运动的总结》（1965 年 4 月 22 日），见《晏阳初语录》。
3 晏阳初：《发展国家的根本》（1947 年 9 月），见《晏阳初语录》。

这自然意义重大，对此，下文还会有进一步的讨论。

其四，晏阳初平民教育和乡村改造事业的另一个重要哲理基础，是人本主义思想。他几乎在一切场合都要强调，人是最根本的："土地、主权、人民三者，虽然都是立国的要素，而'人'更是要素的要素"[1]；"社会各种问题，不自发生，自'人'而生，发生问题的是'人'，解决问题的也是'人'"[2]；"中国今日的生死问题，不是别的，是民族衰老，民族堕落，民族涣散，根本是'人'的问题，是构成中国的主人，害了几千年积累而成的很复杂的病，而且病至垂危，有无起死回生的方药的问题"[3]。由此得出的结论是："欲根本上解决（中国的）问题的方法，还非得从四万万民众身上去求不可"[4]。平民教育、农村改造运动正是对着中国"人的问题"，应运而生，它"担负着'民族再造'的使命"[5]。晏阳初因此郑重声明，"乡村改造仅仅是方法，而人的

1 晏阳初：《农村建设要义》。
2 晏阳初：《平民教育的宗旨目的和最后的使命》（1927年）。
3 晏阳初：《农村运动的使命》（1934年10月），见《晏阳初语录》。
4 晏阳初：《平民教育的宗旨目的和最后的使命》。
5 晏阳初：《农村运动的使命》。

改造才是目的"，"我们乡村改造的目的不是使人们摆脱困境，而主要的是在摆脱困境的过程中，真正开发出个人和社会的发展与创造能力"，"使个人和社会都得到良好的全面发展"。对晏阳初来说，人是目的，促进人的全面发展，才是他从事平民教育、乡村改造事业的最终目标与使命。他最为担心的是："人们单纯地从教育或其他的立场来看待我们的事业，教育只是我们事业中的一个主要环节，不是我们事业的全部，这点请诸位注意！"[1] 他所感到的最大危机，就是"如果我们只把注意力放在科学技术上，忘记了思想意识，总有一天我们会察觉人们可能越来越满足生活现状，很少去考虑生活的目的。他们可以吃饱饭，但却不能成为自由的人。如果我们只考虑填饱肚子而忽略提供精神食粮，那是可悲的"[2]。晏阳初在这里提出的以"人"为"立国"第一要素，使"人"成为"全面发展"的"自由的人"的思想，和我们已经讨论过的鲁迅的"立人"

---

1 晏阳初：《乡村改造运动十大信条》。
2 晏阳初：《接受拉蒙·马可赛奖的答谢词》（1960年8月31日），见《晏阳初语录》。

思想是非常接近的；也可以说，这样的"立人"理想是几位乡村建设运动先驱所共有的：卢作孚同样强调"人的训练"的第一位意义，梁漱溟、陶行知也都如此。这对我们今天从事平民教育与乡村改造工作的人是一个重要提醒：我们的工作，必须从推动农村教育和经济发展入手，但却要防止眼光局限于此，而模糊了，甚至忘记了我们的"立人"目标与使命，那就会出现晏阳初所担忧的"吃饱饭，但却不能成为自由的人"的危险，那确实"是可悲的"。这并不是危言耸听，而正是当下中国面临的危机。

其五，于是，又有了进一步的讨论：要"立"什么样的"人"？晏阳初因此提出了"新民"的概念，更准确地说，是他赋予了梁启超的"新民"概念以新的内涵：一是"有知识，有生产力，有公共心的整个的人"[1]；二是要"创造新的公民"[2]。这样，就如前文所说，晏阳初把"西方政治民主思想的精华"的"公民"概

---

[1]　晏阳初：《平民教育概论》(1928年4月)，见《晏阳初语录》。
[2]　晏阳初：《告语人民》(1945年3月)，见《晏阳初语录》。

念引入了中国传统的"民"的概念中，将西方民主自由平等思想和他所说的"中国社会民主哲学"即民本思想结合了起来。他因此赋予"平民教育"中的"平"以新的含义："1776 年美国的《独立宣言》、1789 年法国《人权宣言》都表明了'人人生而平等'的思想。1948 年联合国大会通过了《世界人权宣言》，进一步发挥了这一基本思想"，"对待中国的平民百姓，特别是占人口总数 85% 的农民，我们要从心底把他们看作是与我们一样的平等人"，"平民"二字中的"平"，就"含有'平等'的意思。首先是人格平等，其次是机会平等，当真正实现平等的时候，天下才能'太平'"[1]。这样，晏阳初就将他所提出的"人的全面、自由发展"的目标，具体落实为要首先保证农民全面的"公民"权利，即"言论、出版、信仰的自由"和"民治、民有、民享的民主政治"权利；晏阳初强调："民主政治主要的关键不在民享、民有，基本的还是民治。无民治，谈民享，你不配；谈民有，不给你。若是真能民治，他敢不让你

1　晏阳初：《乡村改造运动十大信条》。

享，敢不让你有吗？"因此，他提出："我们要研究，子子孙孙地研究，寻求实施民治的方案，教育民众，达到民治的目的。"他的平民教育、乡村建设研究与实验，因此也就具有了更深刻的内涵："平民教育即平民的政治教育，也唯平民教育，教育全国的人民自己管理自己的事情，才能救中国。"[1]

这里，晏阳初对公民权利的理解，已经超出了《独立宣言》《人权宣言》的范围，而强调"人民自己管理自己的事情"以及"真正参与国家事务的管理"的权利，[2]这或许是更为重要，影响也更深远的。

其六，于是就有了"农民是乡村改造的主力"的命题。在晏阳初看来，平民教育与乡村改造的成败，取决于"千百万劳苦大众的自觉参与"[3]。他一再告诫运动的参与者：绝不能把"农村运动看作就是农村救济"，"就是'办模范村'"，那就"未免把农村运动的悠久性

1　晏阳初：《战后乡建工作努力的方向》（1942年5月11日），见《晏阳初语录》。
2　晏阳初：《平民教育运动》。
3　晏阳初：《乡村改造运动十大信条》。

和根本性""普遍性和远大性"抹杀了。[1] 只有平民教育、乡村改造不再是外来的救济或强加，而成为农民自己的事业，农民"学会管理自己的平民学校、现代化农场和他们的合作社、保健院"，"有能力管理自己的社会和经济福利"，"改造自己的生存环境"，而且进一步"管理自己的政府"时，平民教育和乡村改造运动才能真正在农村、农民中扎下根来，打下坚实的基础，获得悠久而远大发展的生机。[2] 在晏阳初看来，要发挥农民在乡村教育与改造中的主力作用，保证其主体地位，就必须通过平民教育，激发农民觉醒；通过社会、经济、政治的全面改造，保障农民的权利，并把农民组织起来。有了"真正的、自动的、内发的组织"，农民就不再是处于无力无助地位的单独个体，而可以以独立组织的力量，参与社会、经济、政治上的博弈。争取和维护自己的权利，也才有可能真正掌握自己的命运，成为农村社会的主人。[3] 这样，晏阳初也就抓住了平民教育

---

1 晏阳初：《农村运动的使命》。
2 晏阳初：《告语人民》。
3 晏阳初：《十年来的中国乡村建设》（1937年），见《晏阳初语录》。

与乡村改造的关键。

这里，就有了一个农民的主体作用与知识分子参与的关系，也即前文所提到的"学人"与"苦力"的关系问题。晏阳初指出，应该警惕两种倾向。一种是"为人民做事情，这是救济"，其实质就是把农民视为"被代表"的被动接受救济的对象，自己"代表"人民去为他们谋利，这样做，即使主观上是真诚的，也是"代民做主，恩赐于民"。这仍然是一个精英主义甚至是统治者的立场与思路。另一种是"事事都要人民去办，办法要人民出，头儿要人民去带"，这是典型的把农民理想化、把农民主体作用绝对化的民粹主义的立场与思路。晏阳初说："那么就没有什么事情需要我们做了。"这一语道破了实质：表面的激进背后隐含着一种取消主义的逻辑。[1]实际情况是："单是乡村人解决不了乡村问题。因为乡村人对于问题只能直觉地感觉到，而对于问题的来源，他们不能了解认识。"任何了解与正视

1　晏阳初：《对国际乡村改造学院全体职员的讲话》（1974 年 9 月 2 日），
　　见《晏阳初语录》。

农村现实的人，都会承认："乡村问题的解决，第一固然需要靠乡村人为主力，第二亦必须靠有知识、有眼光，有新方法、新技术（这些都是乡村人所没有的）的人与他们结合起来，方能解决问题。"[1] 这看起来是常理常识，但我们却总是在精英主义与民粹主义两个极端间来回摇摆——晏阳初称之为"钟摆"现象。要走出困境，就只有回到中点，即"中庸"的办法上，"既不要事事都替人民办，也不要事事都完全依靠人民自己去办"，而是"一道去做"。这样，知识分子和农民的关系，就是一种"合作关系"，是"同人民一起设计"，一起实践。[2] 于是就有了乡村建设者的自我定位："我们不是包打天下的英雄，我们不是解救众生的基督，我们只是广大平民的朋友。"[3] 位置摆正了，事情就好办了。

最后，晏阳初把他的思想与追求归结为两个重要的概念："民族自觉"和"文化自觉"。这一点，恰恰为许多论者所忽略。他解释说："所谓民族自觉，就是

1　晏阳初：《十年来的中国乡村建设》。
2　晏阳初：《对国际乡村改造学院全体职员的讲话》。
3　晏阳初：《乡村改造运动十大信条》。

自力更生的觉悟。"面临外来侵略和压力,空喊"救国"口号是无用的,必须"沉下心来,反求诸己","非靠自己的力量谋更生不可";而"民族基本力量都蕴藏在这大多数人——农民——身上。所以要谋自力更生必须在农民身上想办法。而自力更生的途径也必须走乡建一条路"。这样,晏阳初就赋予他所从事的乡村改造事业以"自力更生谋求民族自立与解放"的意义,在"民族自觉"里找到了其价值。

在现代中国,除民族危机之外,更有文化危机。正如晏阳初所分析的,一方面,"中国近百年来因与西方文化接触,反映出自己文化的落后";另一方面,"固有文化既失去其统裁力,而新的生活方式又未能建立起来",从而出现了"文化失调的现象"。由此激发出了新的"文化自觉"[1],即"自尊自信,自己创造"[2]出适合中国国情的教育、文化、建设发展之路。晏阳初因此强调他的平民教育和乡村改造,是"东洋、西洋所

---

[1] 晏阳初:《十年来的中国乡村建设》。
[2] 晏阳初:《"误教"与"无教"》(1936年10月17日),见《晏阳初语录》。

没有的","世界上特殊"的"自有人类以来最大的"实验,"要想抄袭,绝不可能"[1]。在他看来,以往的许多教育和乡村改造之所以失败,"一个大原因"就是"奴隶式的抄袭外人,漠视国情";要创造出新教育、新乡村,就"非有实地的、彻底的研究不可","对于本国的历史文化环境务必彻底研究,求得公民教育的根据;对于外国方面的,亦可引为参考,以期适合世界潮流"。[2]晏阳初的选择,使我们很容易就联想起鲁迅在20世纪初的选择:"外之既不后于世界之思潮,内之仍弗失固有之血脉"而"别立新宗"。[3]这是一代人的"文化自觉",是一份极其宝贵的文化遗产。

当然,也存在着深刻的历史教训。这也是我们一开始就讨论到的、晏阳初念兹在兹、几乎每次改革都难以避免的命运:"在某一时代,某一位名高望重的

1 晏阳初:《平民教育的真义》(1927年),见《晏阳初全集》第一卷,第111页。
2 晏阳初:《"平民"的公民教育之我见》(1926年4月),见《晏阳初语录》。
3 鲁迅:《文化偏至论》(1907年),见《鲁迅全集》第1卷,第57页,人民文学出版社2005年出版。

人出来提倡一种运动，社会上也就风靡一时地随着动起来。等到时过境迁，当年的蓬勃热闹，也就消沉下去。"晏阳初在追问其原因时，归结为两点。一种情况是"运动的发动，不合人民的需要"[1]。对此，晏阳初在另一篇文章里做了更进一步的分析："许多大人物的思想里……他们在制订世界计划时的依据，只是他们主观认定的所谓人民的需要，实际上，他们根本没有认真探索人民究竟缺的是什么。一个强加于人民的计划，即使其出发点是为了人民的利益，也会由于满足不了其真正需要而宣告失败。"[2]这是极富启发性的，如今几乎所有的改革，都要打着"人民的需要"的旗帜，这就存在着"调包"的危险：假借人民需要，谋求个人或某个利益集团的利益。对这样的"挂羊头卖狗肉"的"改革"，我们必须保持高度的警惕。还有一种情况，就是"把自己主观认定的所谓人民的需要"当作"人民的需要"，结果就会"好心办坏事"，走到自己主观

---

1 晏阳初：《农村建设要义》。
2 晏阳初：《告语人民》。

愿望的反面。我曾经提醒过志愿者朋友：绝不能想当然地认为，我们怀着善良的愿望为农民做事，就一定会给农民带来好处；[1]关键还是晏阳初所说的，一定要"认真探索农民究竟缺的是什么"，务必使我们的改革能够满足农民的"真正需要"，而且即使是符合农民需要的，也不能"强加于"农民。离开了农民的自愿参与的改革，结果往往会适得其反。这是一个重要的历史教训：凡是不能满足农民真正需要，并为农民所接受的乡村改造运动，都不可能持久。

晏阳初分析，历史上的改革运动最后不免半途而废的另一个重要原因，就是"不能在民众身上立基础，没有生根，自然不能生长，不能永存"[2]。这正是我们前面讨论的重点：所谓"在民众身上立基础"，就是要实现农民思想的觉醒、权利的自主，以及组织化，使农民成为乡村改造的主体，真正掌握自己的命运：这是乡村改造运动能否在农村"生根"的关键，也是我们

1　参看钱理群《我的两个提醒》（2007年），见《致青年朋友》，第131页，中国长安出版社2008年出版。
2　晏阳初：《农村建设要义》。

要讨论的问题的症结所在。记得 2001 年我最初接触志愿者运动时，曾经做过一个报告，谈一个世纪以来知识分子"到农村去"的运动历史，最后总结出两个"为什么"："中国知识分子、中国青年可以说是'前赴后继'地奔赴农村，走向民间，这是为什么？""尽管知识分子每一次到农村去，都产生了一定的影响，但是，这样的影响大都是'雨过地皮湿'。于是，几乎知识分子每一代人下乡时，都要面对与前一代人所面临的几乎相同的问题，即中国农村的政治、经济、文化的全面落后与贫穷的状况，没有发生根本的改变。这是为什么？"[1]现在，我们可以回答了："雨过地皮湿"的根本原因，是"知识分子到农村去"的运动，基本上是一个晏阳初所批评与警惕的"救济"运动，是外在于农民、"为农民做事"的模式，农民的觉醒、权利与组织的问题始终没有解决，农民的主体地位始终没有确立。只要乡村改造运动没有成为农民自己的运动，一旦"外

1　参看钱理群《我们需要农村，农村需要我们》（2001 年），见《致青年朋友》，第 94 页。

来者"离去,"一切恢复原状"就是必然的结局。而乡村的问题又是必须解决的,这样,一代又一代有理想的知识分子"前赴后继",也是必然的。我更为关注与忧虑的,是这样的历史并没有结束,还在以新的方式继续:不但晏阳初所尖锐批评的"救济式"的、"建立模范村式"的乡村建设模式依然盛行,而且现在又有了新的理论与实践:把农村问题简化为单纯的"民生"问题、"农民致富"问题——不是说民生、致富不重要,而是若以此来遮蔽更为重要与根本的农民的权利问题,那就会出现晏阳初所担心的"农民吃饱了,依然不是自由人"的危险。这又使我想起了当代农村改革前辈杜润生老先生在2000年提出的"农村发展的根本问题是使农民成为'自由人'"的观点,他强调要给农民三大权利,即经济上发展更大的自由与自主权,政治上发展乡村民间组织的权利,以及平等的受教育权。[1]这和晏阳初的理想是不谋而合的,在我看来,这也应该

---

1 参看钱理群《我们需要农村,农村需要我们》(2001 年),见《致青年朋友》,第 110 页。

是今天乡村改造运动的目标，离开了这一目标，乡村
改造运动就有变质与夭折的危险。

（二）

现在，我们来讨论晏阳初平民教育与乡村改造思
想的第二个问题——

▶做什么？——平民教育与乡村改造的基本任务
与内容

晏阳初是一位提倡创造性又极富创造力的思想家
与实践家，他强调："平（民）教（育）工作应是创造
而不是守成"，"层层推进，日新又日新，才是平教运
动的本色"。[1] 晏阳初领导的平民教育与乡村改造运动，
就是这样一个"层层推进"，不断有新创造、新开拓，

---

1 晏阳初：《在平教会长沙办事处周会上的讲话》（1937 年 5 月），见
《晏阳初语录》。

所做事情的内涵与外延逐渐扩大的历史过程。今天来回顾，它大体上经过了四个阶段，有三次意义重大的转折。

晏阳初于1917年开始投身平民教育，1929年开创定县实验，在这十二年时间里，他的主要精力都集中在中国平民教育的开拓与推动上。他曾给"平民教育"下过一个经典定义，也是他的宗旨所在："平民教育是对于十二岁以上不识字的及识字而缺乏常识的全国青年男女所施的教育。"[1] 这是"不论男女、老幼、贫富、贵贱，皆有参加的机会"的"人人有份"的教育运动，[2] 而其主要活动范围则集中在大中城市，是以市民为主要服务对象的。但是，1929年开始定县平民教育实验后，他就从以市民为主的平民教育，转向了"农民教育"。晏阳初在1934年写的一篇文章里有明确的说明："从民众教育的立场说，人人都应该受教育，但就中国的情形来说，尤其要注重农民，更应该注重青年农民。

1　晏阳初：《"平民"的公民教育之我见》。
2　晏阳初：《平民教育运动术》（1926年9月），见《晏阳初语录》。

约略的估计，自十四岁至二十五岁的青年农民，至少有八千万，如其此八千万的青年农民，都取得中国民众所应受的教育，不但在教育上有重大的意义，即在国家基本建设，乃至于民众的国防训练上，都有其重大的意义。"[1] 这确实是一个重要的转折，它标志着晏阳初对中国国情的进一步了解与把握，是建立在他对农村、农民问题在中国社会的基础性、决定性意义的深刻认识基础上的，也是从他的"从平民最迫切的问题入手，从他们所知道并能理解的地方开始"的战略、策略出发的——他看得很清楚，在大多数农民不识字的中国农村，"除文盲，做新民"，显然是"最迫切"也最容易为农民"所知道并能理解的"。

但是，晏阳初在他的平民教育第一阶段后期，就已经在思考单纯的识字教育可能存在的问题，这其实也是他要开辟定县实验的动因之一；而后他和同伴在定县通过大规模的社会调查终于弄清楚了，在"千头万绪"的农村问题中，最基本的是"愚、贫、弱、私"

1　晏阳初：《关于民众教育的任务》（1934 年），见《晏阳初语录》。

这"四大问题",而这四大问题又是相互纠缠为一体的,于此,他的认识发生了一个飞跃。他在一篇文章里,有这样的表述:

即使文盲除尽,人人能应用日常必需的文字,其与国家社会的前途究竟有什么利益?这是平民教育第一重要问题。中国人……在没有读书以前,尚肯做工,以谋个人的生活,一到抱了书本以后,便成文人。文人自己可以不必生产,社会应负供养的责任。……所以平民教育于实施文字教育之外,即需有生计教育,使人人具备生产的技能,造成能自立的国民。(按:今天的中国教育不正在培养这样的读了书就不愿意做工种田、无所事事的"文化人"吗?)

即使民智提高,民生充裕,对于国家社会的前途究竟有什么利益?这是平民教育第二重要的问题。试看历来的卖国贼,何一非知识超越、经济富足的人呢?盖其人缺乏公德心,一举一动,只知有自己的祸福利害,不顾国家社会之祸福利害；所有知识、经济，只足以供其为恶之资，所作之恶，常比无知识无能力者高出万倍。倘平民教育处处都是养成这种自私自利的亡国奴，岂是国家之福？所以平民教育于实施文字教育和生计教育外，另有公民教育，希望造成热忱奉公的公民。[1]（按：我们今天的教育不也在培养这样的"以知识为恶"的"高智商的利己主义者"吗？）

晏阳初反复追问一点：平民教育培养什么人才？"其于国家社会的前途究竟有什么利益？"他的结论是：对农民的教育不能局限于"除文盲"，而应是针对农村"愚、贫、弱、私"四大问题，进行更全面的教育，即文艺教育、生计教育、卫生教育与公民教育四大教育，以"养成有知识、有生产力和公德心的整个人"。[2]这不仅是晏阳初平民教育思想的重大发展，表明其达到了前所未有的深度与广度，更是平民教育和乡村改造与

1　晏阳初：《平民教育概论》。
2　晏阳初：《平民教育概论》。

建设的有机结合。对晏阳初来说，从"平民教育"向"乡村改造"发展，这是一个自然的过程：晏阳初所追求的本来就是一种"实验的改造民族生活的教育"[1]，"非致力于农村建设，则教育必致落空，不能达到改造生活的目的"[2]，而一旦实现了这样的转变和发展，晏阳初的定县实验就进入了一个教育、文化、经济、农业科技、卫生全面发展的"一体化的乡村改造"[3]的新阶段。

但晏阳初很快就发现了新的矛盾："由学术的立场去建设乡村，是由下而上的工作，是基础实验的工作"；但单有这样的基础改造，没有上层建筑的变革，就会产生许多问题。从消极方面看，"一方面我们帮助农民增加生产"而"收益有限"，另一方面"地方政府在那里剥削农民"而"剥削无穷"，这是根本不可能改变农村社会、改善农民的生活与地位的。从积极方面说，"欲将研究所得推广出去，则非借政府的力量、政治的机构不可"。这就提出了一个"学术与政治打成一片"，

---

1 晏阳初：《农村运动的使命》。
2 晏阳初：《关于民众教育的任务》。
3 晏阳初：《致G.斯沃普》（1949年2月2日），见《晏阳初语录》。

"政治必须学术化，学术要实验化"的任务；也就是说，乡村改造与建设的客观逻辑，必然要由教育、文化、经济的改造发展为政治的改造，要求"由下而上的组织机构"和"自上而下的组织机构"的"合流"。[1] 用晏阳初的话来说，就是"社会建设计划"，它"就像一张只有三条腿的方桌一样，这三条腿是教育、经济、卫生，还缺一条腿，那就是政治。有了它，这张桌子才能支得起来，才能立得稳"。[2]

正像晏阳初所说的那样，他所领导的平教运动，"最初以进行文字教育起始，继之以研究实验农村建设的内容与方案，现在则更进而研究学术与政治的合流"[3]，这个转变也许是更为重要的。它标志着晏阳初对农村问题，以至整个中国国情、中国问题认识的深化，并有了两个重大发现：一是在政治权力高度集中并起决定作用的中国（包括中国农村），政治的改造、建立"科

1　晏阳初：《平民教育促进会工作演进的几个阶段》（1935 年 10 月），见《晏阳初语录》。
2　晏阳初：《告语人民》。
3　晏阳初：《平民教育促进会工作演进的几个阶段》。

学化现代化的政治"，是"极根本，极重要，极有价值的"。[1] 请注意，这里连用了三个"极"字，在晏阳初的论述里，这是极为罕见的。其二是，"中国的基本政治，是地方政治。没有好的县政，产生不出好的省政，没有好的省政，亦产生不出好的中央政治。所以县政是直接影响民众的政治,是老百姓的政治"[2]，"中国整个的基本问题可以说是县地方政治"。结论是："农村建设、县政改革是今日自救的基本要图。要把不成东西的县政，改造成一个东西，不成东西的一班县政人员，只知道催科听讼、向人民收账的人物，改造成像个东西的、为人民服务的行政官吏。如果这基础政治没有办法，中国将永远没有希望。"[3] 请注意"永远没有"这一用语的分量。因此，在定县实验的后期，晏阳初就把重心放在推动县政改革上。在整个抗战时期,他的主要精力，也都集中在县政改革及其人才的培养上。但由于一直

1　晏阳初:《如何建设"新四川"》(1936 年 10 月 2 日)，见《晏阳初语录》。

2　晏阳初:《平民教育促进会工作演进的几个阶段》。

3　晏阳初:《农民抗战与平教运动之溯源》(1937 年 11 月 7—11 日)，见《晏阳初语录》。

处于战乱之中，县政改革自然难以见效。或许正因为如此，晏阳初的县政改革思想往往被忽略。这个问题关系着如何全面把握晏阳初的乡村改造思想——在我看来，正是自下而上的教育、文化、经济、卫生这四大改造与自上而下的县政府、地方政治的改造，构成了晏阳初乡村改造思想的两翼，割弃任何一方面，都会造成遮蔽与曲解。

重要的是，由此而形成了晏阳初乡村改造思想的体系，晏阳初自己把它称作一个"立体网络结构"，并且概括为两句话。一句话是："不是零零碎碎，而是整个体系"——"乡村改造是一个完整的系统工程。从事乡村工作者，在任何一个问题上动手去做，多少可以有些成就，可是零零碎碎去做，不但费时间，不经济，而且往往顾此失彼，效果也不能持久"。第二句话是："不是枝枝节节，而是统盘筹划"——"人的发展需要和社会发展的需要都是多方面的，并且彼此之间互相联系，满足了一方面的需要，只是解决问题的某一方面，只有使各方面的发展需要都得到满足时才能得到均衡的发展。单方面地考虑和解决问题，即使某一方面成功了，但由于其他问题未解决，这种成功也是暂时的，势必要被未解决的问题破坏掉，或者形成畸形发展的新问题，阻滞社会进步"。[1]这是极其重要的概括与总结，而且具有极大的现实启示性。在我看来，今天中国乡村教育与改造建设，最基本的问题，就是晏阳初所要警诫的，仍然停留在"零零碎碎、枝枝节节"的水平上；尤其是县政府的地方政治改革，也没有提到议事日程上，当年晏阳初所要改造的"不成东西的县政""不成东西的县政人员"，在一些地方还占据着支配地位。在这样的大环境下，如果我们只在一个一个问题上"动手去做"，即使"多少可以有些成就"，但就如晏阳初所说，也只能"是暂时的"，是"不能持久"的。事情就是这样：如果我们要避免乡村改造与建设半途而废的历史命运，就必须推动自下而上与自上而下相结合的全方位的一体化改造，尤其要把县政改革放在特别重要的位置。

1　晏阳初：《乡村改造运动十大信条》。

（三）

第三个问题——

▶如何做，什么人做？——定县实验的基本经验

我们可以做四个方面的讨论。

第一，定县实验的哲学观念、方法基础。我们已经说过，晏阳初是以思想家的眼光与思维去进行改造社会的实践的，因此，他的社会改造是以哲学观念与方法的改造为前提与基础的。他明确提出：必须"促立中国化的社会科学。必如此，中国化的政治、中国化的教育等之建设，乃有可能性"[1]，并预言他的定县实验"哲学观念的改造，影响于中国学术界必更重大"[2]。晏阳初对定县实验的观念与方法有一个简要的概

1　晏阳初：《〈定县社会概况调查〉序》（1932年2月），见《晏阳初语录》。
2　晏阳初：《在平教会长沙办事处周会上的讲话》（1937年6月），见《晏阳初语录》。

括："把整个的实际生活作单位，以全县的政治经济社会——整个的国家缩影，作研究的对象，这种真生活——不是假环境——的研究法，定县可以说是独创。定县四十万人，可以当作四十万卷书籍看待；四十万民众的问题，就是研究的问题；四十万人的生活单位，就是研究单位。这不但在以前的中国没有这种做法，就是欧美也是前所未有的。"[1]这里有几个要点。其一，强调实践出真知，"从农民实际生活里找问题找材料，去求方法来研究实验"，而不是"坐在都市的图书室里讲农村教育，那就是等于闭门造车，隔靴搔痒"；[2]其二，"以全县的政治经济社会"作研究对象，使整个社会为"社会科学的实验室"；[3]其三，从"实地调查"开始，"对于农民生活、农村社会一般的与特殊的事实与问题有充分的了解与明了的认识"，各项工作设施都建立在"事实根据"的基础上；[4]其四，不仅要"适应"

1　晏阳初：《农民抗战与平教运动之溯源》。
2　晏阳初：《农村运动的使命》。
3　晏阳初：《农民抗战与平教运动之溯源》。
4　晏阳初：《〈定县社会概况调查〉序》。

生活,更要"改造生活",不是为研究而研究,更要"推行研究之所得","不仅是学术化,而且还制度化",将"研究之所得,成为老农老圃自己的建设",并形成行之有效的制度。晏阳初的目的是要建立中国"自己的学术",自己的独立、独特的研究观念与方法,并将其称为"定县主义"[1]。

第二,定县实验的最大特点,是"以县为单位"。这也是对中国国情进行深入研究的结果:"中国虽大,而是一千九百多县造成的",县是中国基本的政治单位,直接影响老百姓的生活,因此,"抓住一个可以代表的县去认识问题,找寻问题,研究问题,建设问题",就能够从中"找到有普遍性、共通性,同时跟农民有关系的问题去研究它,以便将来别的县、别的省也可以采用"。[2]

定县实验的另一个重要特点,自然是它的学术性。它是立足于"科学的研究与实验"的,首先注重学术

---

1 晏阳初:《农民抗战与平教运动之溯源》。
2 晏阳初:《中华平民教育促进会工作的演进》(1935年12月),见《晏阳初语录》。

的调查和研究，也注重把研究成果转化为实际操作的实验。但晏阳初强调两点，一是要"把平教事业当作专业"[1]，二是"平教会是学术团体，应该注重质的改进，把量的推广由社会负担，否则就失去学术团体的意义和领导社会的力量"[2]。

因此，晏阳初主持定县实验时，一个重要的难题是如何处理学术与政治的关系。如前所讨论，晏阳初主张"学术与政治打成一片"，"政治须学术化，学术要实验化"，实验与推广需要政治之助；但晏阳初也一再提醒他的同人与追随者："我们始终持超越政治的态度。我们的信念是科学研究应绝对独立进行，不依靠任何或许有朝一日掌握中央或省政府大权的特殊政治家集团"，"如把一项工作托付给那些瞬息变化的政治集团，那将肯定是危险的"。[3]他尤其警惕"官僚政治"对乡村改造运动的影响，始终要坚守乡村改造运动的

1 晏阳初：《平教运动的回顾》（1942年），见《晏阳初语录》。
2 晏阳初：《在平教会长沙办事处周会上的讲话》。
3 晏阳初：《复斯丹巴》（1932年5月18日），见《晏阳初语录》。

"非政治"性与"民间"性。[1]

晏阳初还要坚守的是，研究与实验中的科学精神。他有两个具体论述给我很深的印象，而且都是具有现实警诫意义的。他谈到："近年中国有两个很普遍的现象：一就是整个的麻木不动，一就是忽地惊语，饥不择食地不研究其应如何动，而立刻乱动盲动。不动的害处固深。乱动的害处尤烈！"他最害怕的，是"不研究内容，不研究方法，张皇地匆促地"乱改乱动，"弄得农民鸡犬不宁"；他最痛恨的是"借了训练农民的美名，实行剥削农民、敲诈农民的勾当"。因此他立定下一个训条："我们要有热烈的感情，同时要有冷静的头脑。"[2]晏阳初还提出："'改革者'是一个很傲慢的术语。大多数所谓的改革者只是到农村去改革这个，改革那个，好像改革就一定是好的。"这大概就是所谓"改革病"吧。晏阳初因此提醒说："必须懂得什么需要改革，

1　晏阳初：《菲律宾乡村改造运动的方法与其他不发达国家大不相同》（1959 年 2 月 11 日），见《晏阳初语录》。
2　晏阳初：《关于我们为何发起农民抗战教育的广播稿》(1937 年 11 月 23 日)，见《晏阳初语录》。

什么不需要改革，如何改革和什么时候改革。在搞清楚这些问题以后，就要开始去建设"，"破坏是容易的，但建设起来就难了"。[1]

晏阳初最看重的，自然是"创造的研究"。在他看来，研究与实验工作的生命力就在于不断地创造。他因此提出："凡是研究已有相当成绩者，即应另辟新途径。岁岁年年，依样画葫芦，绝非平教之精神。平教工作应是创造而不是守成。"[2]

第三，"为了领导和发展建设计划，根本性的问题，是要有创造性的人才"[3]，这大概是晏阳初一个最基本的信念。因此，他做任何事情，首先着力的就是人才的发现、训练和培养。抗战时期在重庆创办的农村建设育才学院、1958 年在菲律宾协助创办的国际乡村改造学院都享誉国内外，是他的主要事业成就。晏阳初如此不遗余力地从事乡村改造人才的培育，也是基于历

----

1 晏阳初：《在第十届国际乡村改造培训班上的报告》（1978 年 4 月 7—14 日），见《晏阳初语录》。
2 晏阳初：《在平教会长沙办事处周会上的讲话》。
3 晏阳初：《定县的乡村建设实验》（1934 年 7 月），见《晏阳初语录》。

史的沉重教训。1936 年他在农村建设育才院的募捐书里这样写道：鸦片战争以来中国图强运动屡遭失败的原因，"便是提倡的虽有其人，可是实际从事的基本人才太少，没有真实的成绩表现，以致不能持久便即失败"！他因此发出警示："农村建设运动，目前固是高唱入云，假如不注意训练实际的基本人才，空做一种无目标、无计划的运动，无有具体的成绩表现，不久也会渐渐地沉寂下去，一如以往的一切运动，不过是昙花一现！"[1]这里所展现的我们已经多有讨论的晏阳初的忧患意识，自有一种感人的力量，今天读来，更令人有醍醐灌顶之感。因为其所提示的，正是一个现实的危险：我们志愿者的运动和乡村改造运动能否健康持续地发展，一个关键，就是有没有足够的合格、优秀的人才。在这个意义上，晏阳初关于乡建人才的论述，应该是我们学习其思想的一个重点。

在晏阳初看来，需要培养的，是两类"基本人才"，一是"培养行政上、技术上具有专门学识与实地经验

---

[1]　晏阳初：《农村建设育才院的捐启稿》（1936 年），见《晏阳初语录》。

之领袖人才"，二是"造就切合农村的各方面的一般人才，担任建设的工作"。[1] 有意思的是他对实际运动的领袖人才的理解与要求。他说，有的人虽然智力测验中分数很高，但"自己的事情做得很好，却不肯和人合作"，"不能过一天的团体生活，更没有驾驭别人的能力"，这种人是不适合做"生活团体化、纪律化"的民间群体的领袖的；"真正的领袖，不一定是智慧高，而是具有多方面的能力的、有充分实际活动的人"。[2]

晏阳初同时又认为，无论是一般人才，还是领袖人才，作为所要培养的平民教育和乡村改造、建设人才，就必须具有某种共同的风格、精神和品质。晏阳初在这方面有很多的论述，我在研读中感受最深的，有以下几个方面。

首先，自然是人生的目标。在晏阳初的追悼会上，他的小女婿说了一段引人深思的话："您的一生教导我们，要超越自己和自己的日常生活，在自己短暂的一

1　晏阳初：《农村建设育才院的捐启稿》。
2　晏阳初：《在第四次大周会上的讲话》（1935 年 11 月 18 日），见《晏阳初语录》。

生中寻求一个更有意义的目标：这个世界是否由于我们的存在而变得更好？"[1]——正是这句"超越日常生活"让我深受触动：我们这些人太容易沉湎于自己的日常生活，实际工作者也容易局限在具体的事务里，并且以此为满足，而不去寻找更高远的目标；即使有了目标，也容易模糊、淡忘与失去。还有"意义"，这正是我们的志愿者，乡村改造、建设者的价值所在：要"从创造个人存在的意义开始，去影响周围的人创造各自存在的意义，最后为社会存在创造意义；而他人意义、社会意义的寻求与创造，又反过来深化与强化自我生命的存在意义"[2]。而要世界因为自己的存在"变得更好"，这样的眼光、胸襟、生命境界，我们即使不能达到，也应该心向往之的。

其次，晏阳初规范了乡建人才的基本信条与行为准则，其要点是："到人民中间去""生活在人民中间""向人民学习""与农民共同计划""从其所知开始""在已

1　邓兴：《在追悼会上的讲话》（1990 年 1 月 20 日），见《晏阳初语录》。

2　钱理群：《为生命给出意义》，载《名作重读》2013 年第 10 期。

有的基础上建设""不是维持而是创新""不是救济而是自我解放"。晏阳初说,这是他从半个世纪的成功与失败里,提炼出来的"乡村改造运动的格言"。[1]这也应该是今天的志愿者、乡村建设者所要恪守的。

关于乡建人才的条件,晏阳初提了四条:一、"要有本国的学术根底,科学的知识技能";二、"要有创造的精神";三、要有"吃苦耐劳的志愿与身体";四、"要有国家世界的眼光"。[2]在这四条的基础上,晏阳初还提出过许多要求,如大家所熟悉的"四C":专业能力(competence)、创造能力(creativity)、毅力(commitment)、个性(character)。晏阳初特别说明所谓"毅力","是一种很难的献身精神,要实现任何一项改善农民的目标,需要一个艰苦而漫长的过程,需要花费大量的血汗、泪水和个人生命代价。在任何时候都要坚持不懈。除非他强烈地信奉并全力以赴地献身,否则他和她就会善始而不能善终"。此外,还有"六个条件",即所谓"劳

1　晏阳初:《就"乡村改造"答记者问》(1979年),见《晏阳初语录》。
2　晏阳初:《农村运动的使命》。

动者的体力、专门家的知能、教育者的态度、科学家的头脑、创造者的气魄、宗教家的精神"。[1]比较有意思的是晏阳初的"养气"说，即要有"阳气"（"坦白的心胸，有事当众大家商量，不要背后鼓噪"）、"大气"（"有接受他人的批评，甚至数落、指责的度量"）、"正气"（"只有是非的辨别，没有个人恩怨或权势观念"）；[2]还有"忠、恕、忍、恒、志"[3]五字诀。这都可以看作晏阳初把中国传统道德精神注入乡建人才培育的自觉尝试。

晏阳初要培育的乡建精神，有两点值得特别注意。一是类似于鲁迅的韧性精神的"死心塌地干到底"的"持久"精神。他是这样说的："要'死心塌地'地去做，为事业牺牲，不达目的不止。把自己认识的问题，用持久的精神去干，自己愿意为它干到死。中国能认识问题的人很多，下决心的也有，但能死生以之一直做下去的，却不多见。有的知难而退；有的升官发财，

1　晏阳初：《本院四大目标》（1940年），见《晏阳初语录》。
2　晏阳初：《在乡建学院纪念周上的讲话》（1946年10月7日），见《晏阳初语录》。
3　晏阳初：《关于忠恕忍恒精神的修养》（1942年7月10日），见《晏阳初语录》。

中途变节，为富贵所淫。中国的一切不进步，以致临到了沦亡线，症结全在于此。"[1]另一条就是"和谐，合作"的精神，用晏阳初的话说，就是要培养"结合的人"。这是自有针对性的："有些人有智力，但是他的智力是分散的。有的人存在内部冲突，心理学家称之为'怪癖'，换句话说，这样的人不是完整的一体，他的人格是分裂的。'结合的人'是个相当了不起的人：他是和谐的，与邻人、同事和他自己和睦相处。"[2]强调"与邻人、同事和自己和睦相处"，是因为乡建工作是一项集团的事业，相互理解与合作，是比什么都重要的。"和自己和睦"也是一个特别有意思的命题，有些人，而且往往是智力较高的人，就是不懂这个道理，老是和自己过不去，不会自我调节、自我平衡。所以，"和自己和睦"，也是个人必备的修养。

在讨论乡建人才的培养时，晏阳初特别提出了"大学教育的改造"问题。他尖锐地指出："中国的大学教

1　晏阳初：《三桩基本建设》（1937年5月），见《晏阳初语录》。
2　晏阳初：《对国际乡村改造学院全体职员的讲话》（1974年9月2日），见《晏阳初语录》。

育，都是从东洋西洋抄袭来的。不管中国社会究竟是什么背景，就依样画葫芦地什么院、什么系，开了一大套。结果，毕业的学生，东洋的西洋的诚然知道了不少，中国的呢？却一点也不知道。以后到社会上去做事，与未进大学的，无所分别，只多了一张文凭！"因此他认为，"大学教育的改造，是中国当前一个最严重最急迫的问题"。[1] 在他看来，中国大学改造要解决的最基本的问题，是如何立足于中国的现实，适合中国的国情，真正培养中国自己的建设人才。他因此提出了"大学教育与乡村建设运动相结合"的思想：乡村建设运动"必须以大学作基础方能稳固"，而大学教育也应以乡村建设的实验地为根据地，使"大学生在学生时代生活即农民化，对农运工作即确具根底，毕业后可直接入农村服务"。晏阳初领导的定县实验的一大亮点，即吸引了大量在校和毕业的大学生、研究生参与，因而被称为"博士下乡"。在晏阳初的推动下，南开大学、清华大学、燕京大学、协和医学院等中国一流大学联

1　晏阳初：《农民抗战与平民教育之溯源》。

合组织了"华北农村建设协进会",晏阳初称之为"中国大学教育史的新纪录,大学教育的一大革命"[1]。晏阳初显然对之寄以很大希望。今天重提这样的大学教育与乡村建设相结合的传统,更别有一种意义。

乡建人才的培养之外,还有管理的问题,这也是当下乡建运动所遇到的一个不可忽视的重要问题。

晏阳初指出,乡村建设运动是由"杰出的公民领袖""在农业、合作社、公共卫生和乡村教育方面的专业人才"和"献身于乡村改造的知识青年"三部分人组成,如何将"三股力量凝聚在一起",形成有目标、有核心、有计划、有策略与方法手段的高效率的工作群体,就有一个相当复杂的管理问题。[2]

在晏阳初看来,乡建运动的管理,必须充分考虑它的特殊性,主要有二。一是"它不同于创办一所大学",大学教师可以各行其是,乡建运动要求相互协调合作;

---

1 晏阳初:《对在定县工作同志的讲话》(1936 年 8 月 19 日),见《晏阳初语录》。
2 晏阳初:《就"乡村建设"答记者问》(1979 年),参看《平教会的历史回顾与经验总结》(1938 年 9 月 16 日),见《晏阳初语录》。

它"也不同于成立一个政府衙门机构",行政部门,上
级可以对下级发号施令,要求绝对服从,而乡建组织
是民间团体,参与者都是志愿服务,并要付出极大代价,
即使要维护必要的纪律,也"不能以官僚政治的方式,
以简单的强迫指令和强行他们遵守的方法来产生"。[1]另
一个特殊性在于,乡建运动集中了许多人才,而"和
第一流的人才在一起工作很不容易。因为他们有创造
性,他们有自己的独立见解,对自己的观点考虑得多,
对别人的意见考虑得少,他们坚持己见,拒绝别人的
意见"。晏阳初说他领导乡建运动,几乎要以"四分之
一的时间花在协调人际关系上"。[2]这是老实话,也是
中国特色,大概每一个实际运动的参与者都深有体会。
我们的管理工作就必须从这样的现实出发。

晏阳初总结了两条经验。第一条,实行民主管理:
让每一个团体成员都"参与管理方案或制定规则","在
作决定之前,每个人都有发表个人见解的权利和自由,

---

1 晏阳初:《致M.D.阿曼多》(1962年11月15日),见《晏阳初语录》。
2 晏阳初:《告语人民》(1945年3月),见《晏阳初语录》。

但当决议一经做出后，在经过这样一个称之为'集体智慧'和'集体贡献'的民主（的）和成熟的过程（后），那么每个人毫不例外的均有责任、义务和纪律，必须服从决定"。[1]第二条，要建立工作人员与管理人员之间的"真诚信赖的关系"，而管理人员应更为主动，负更多的责任。晏阳初强调，一旦发生矛盾，管理人员要善于"反求诸己：为什么他们拒绝合作，是否因我们的工作态度或方法不适当，造成什么矛盾？"。他说："我的经验告诉我，职员犯错误虽是一件坏事，但领导人犯错误更糟，因为后者将影响整个运动。"他由此制定了一个训条："我们这些运动的负责人必须保持警惕，以防止我们自身的缺点成为运动顺利进行的绊脚石，或泄滞了我们同事的士气。"[2]他还这样介绍自己对待每一个工作人员的态度与经验："我了解他们的缺点，但我也了解他们的长处。我一直试图抱有好感、理解的态度帮助他们逐渐克服缺点，而且不让其缺点有表现

1　晏阳初：《致 M.D.阿曼多》。
2　晏阳初：《致M.D.阿曼多》。

57

的机会。另一方面我力图给他们发挥其长处的一切机会，使我们这些同事能对运动做出他们力所能及的最大贡献。"[1]明白了这一点，我们大概就能懂得，晏阳初领导的乡村改造建设运动具有如此强大的凝聚力的一个重要原因了。

（四）

第四个问题——

▶做事情的眼光——平民教育与乡建运动的世界性

早在 1926 年，即从事平民教育运动之初，晏阳初就已经认定："中国之平民教育运动，不仅关系本国，而且影响世界。"[2]

难能可贵的是，晏阳初对中国平民教育和以后的

1　晏阳初:《致M.D.阿曼多》。
2　晏阳初:《关于平民教育精神的讲话》(1926 年 11 月 30 日)，见《晏阳初语录》。

乡建运动的世界性的体认，是建立在他对 20 世纪世界文化发展的总趋势的科学分析的基础上的。他指出："20世纪的新文化的趋势，正向着全世界全人类的大门进展，故各国文化的进步，在国家范围内，必为民众化；在世界范围内，必须全人化。……中西旧文化的中心关系，大都限于少数人的阶级的贵族的范围，即 19 世纪以来，欧美政治上流行的民众主义，也不过只有程度的差别。以 20 世纪新趋势的文化眼光去从新估价，无论中西文化，其价值都要发生变动，大起兴革。"[1] 这里，有两个重要判断：其一是 20 世纪文化有一个"世界化、人类化"的发展趋势，任何一个国家、民族的文化都不可能远离世界而闭门孤立发展；其二，在 20世纪，中西文化的价值，都要"发生变动"，其变动的总趋势，是由原来的少数人的贵族文化发展为面向大多数人的平民文化。晏阳初正是从后者看到了他所要推动的中国平民教育运动的价值：它是符合 20 世界文化发展的历史潮的；而从前者的判断出发，他

---

1 晏阳初：《平民教育的宗旨目的和最后的使命》。

59

明确地意识到，中国的平民教育、乡村改造、建设，都不能离开世界文化的发展，孤立地进行，它应该是世界平民教育、乡村改造建设的有机组成部分。

由此而引申出的，是两个问题。其一，20 世纪的现代中国的发展，必须走一条"民族古老文化与西方优秀文化相结合，建立一个民主国家"的道路；[1] 这不仅是中国的平民教育的发展方向，中国的乡村改造与建设也"要以我国最优秀的传统文化及最好的西方文化为基础"，中国县政改革的目标，也是要把"中国的县建设成现代化（非西方化）的县"。[2] 这里特别提出的"非西方化"的命题，更能显示晏阳初的思想特色。前面的讨论一再提到，晏阳初一以贯之的追求，就是要建立符合中国国情、具有中国自己特色的新教育、新文化、新农村，因此，他在强调吸取西方优秀文化，以实现国家现代化的同时，又提出要从西方（包括日本）现代化发展中遇到的问题中吸取教训。他在 1945 年写的一篇文章里，就谈到"日本和其他国家"片面进行

1　晏阳初：《中国平民教育运动的总结》（1945 年），见《晏阳初语录》。
2　晏阳初：《致孔祥熙》（1929 年 12 月 30 日），见《晏阳初语录》。

"工业化建设，而不同时进行社会改造"所可能带来的严重后果，并发出这样的警告："如果中国像日本那样以错误的方式进行工业化建设，那么它将变成世界上最大的工资低微的工厂，并且会最终威胁到世界和平。"数十年后，重读晏阳初当年发出的警告，不禁要出一身冷汗：因为今天的中国，正是一个"世界上最大的工资低微的工厂"，这是我们长期实行"富国强兵"的国家主义现代化路线，也即晏阳初所批评的单一工业化路线的后果。

晏阳初强调，中国现代化发展中如果出了偏差，不仅会影响中国人民，而且"最终会威胁到世界和平"，这是一个同样值得重视的判断。他在同一篇文章里，紧接着还说了一句话："如果中国能按照鼓舞人民群众的方式实现工业化，那么这个国家将变成改良世界的重要力量。"[1]也就是说，在晏阳初看来，中国人民选择的发展道路正确与否，都不仅是中国自己的问题，同时会对世界产生或消极或积极的影响。这样的 20 世纪

1　晏阳初：《中国平民教育运动的总结》。

世界发展中的"中国责任"问题，是晏阳初思考中国平民教育与乡村改造的基本出发点。他说得很清楚："我中华统四万万众多的人民，领四百二十七万英方里广大的土地，承五千余年文化丰富的历史，处今日交通便利关系密接的世界，凡我国家的举措设施，社会的风习好尚，人民的行为思想，一举一动，莫不影响世界全局的安危。故今日关于我中华的问题，不仅是亚洲局部民族的问题，而且是世界人类利害相关、安危与共的问题。凡具世界眼光的人，并曾对此加过一番深彻的考究的，当能十分地觉察。"[1]这表明，晏阳初从一开始，就是以"世界眼光"来看待、设计和要求他所推动的中国平民教育运动的。他这样明确宣示自己的理想与目标："当今日全世界新旧文化过渡的时期"，"吾辈所以从事于民众教育的事业，就先从根本上垫高我民族的程度，然后本吾辈毕生的经验，全副的心血，合四万万同胞的聪明才力，对于20世纪的新文化，尽我民族占全人类四分之一的责任。这是平民教育最后

1　晏阳初：《平民教育的宗旨目的和最后的使命》。

的使命，即我同仁共矢不渝的精神"。[1]

请注意：这里说的是中国平民教育的"最后的使命"，这是我们前面已有讨论的"民族自觉"与"世界眼光""人类意识"的高度统一，标示着晏阳初的平民教育运动的高起点。

在抗战时期，也即第二次世界大战时期，面对法西斯这个共同的敌人，世界爱好和平的国家与人民更有了生死与共的命运，世界眼光与人类意识也就更加强烈与自觉。正是在这样的背景下，晏阳初从 20 世纪 50 年代开始，自觉地将中国平民教育、乡村改造建设事业推向世界，全力以赴推动国际平民教育运动和国际乡村改造与建设运动。他的平民教育与乡村改造的"世界性"思想因此有了新的发展，被赋予了更为丰富的内容。

在第二次世界大战即将结束的 1944 年，晏阳初发表了一篇题为《平民教育与世界和平》的文章，指出"现在，世界上还有四分之三的人处在终日不得温饱，无

---

1 晏阳初：《平民教育的宗旨目的和最后的使命》。

法享受教育的状态之中。这就意味着，这个世界四分之三的基础还不健全，而只要这种情形继续下去，我们就不能建立一个健康、幸福的世界"，"我们不应该把和平教育视为一个孤立的计划，而要把它视为整个（战后）重建生活规划中的一个组成部分。……这项工作应该在世界范围内进行，而不只是在某一时、某一地进行。这样，就会产生一种世界意识和一种全球的责任感"。[1]——这是一个雄心勃勃的世界生活重建和改造的计划，它的核心观念就是"世界意识"和"全球责任感"。晏阳初遂把他当年提出的中国平民教育的"除文盲，做新民"的口号，扩展为"除天下文盲，做世界新民"的口号。

很显然，晏阳初所要推动的国际平民教育运动和国际乡村改造与建设运动，是从他的中国经验出发的。因此，他要做的工作有二。首先要赋予中国经验，主要是定县经验以更普遍的意义。他强调："人类的基本

1　晏阳初：《平民教育与世界和平》（1944 年 11 月 21 日），见《晏阳初语录》。

生活水平是普遍相同的。因此，在一个国家研究的基本原则和方法也可以运用于其他具有类似基本问题的国家。在最近二十年之中，中国平民教育运动所研究的经验和技术是普遍适用的。"他最为重视的，是其中两个基本点。其一是"愚、贫、弱、私绝不是中国独具的特色。南美、非洲、印度和许多东南亚国家都存在类似的情况"；其二是"人民是国家的基础，也是世界的基础"。这样，晏阳初就在和中国一样贫穷落后的第三世界国家的平民这里，找到了自己所要推动的国际平民教育和乡村建设运动的立足点、根据地。他的实验最后在亚洲的菲律宾、中南美洲的哥伦比亚、危地马拉得到实施，绝不是偶然的。为了更好地维护第三世界人民的权利，他于1947年，在美国总统罗斯福提出"四大自由"（言论、信仰、免于匮乏、免于恐惧）之后，又提出了"第五自由"的理念："免于愚昧的自由，就是取得教育的平等。取得教育的平等，才是国际的真民主，人类的真解放。"[1]这在当时和以后的世界上都

1　晏阳初：《为和平而教育世界》（1947年5月），见《晏阳初语录》。

产生了深远的影响。

晏阳初要做的第二个方面的工作，就是将中国传统思想中的精华赋以世界性的普适意义。他说："大约在三千年以前，我们的一位圣人讲：'民为邦本，本固邦宁。'我把这个道理应用于世界也是合适的。民为世界之本，本固则世界安宁。"[1] 他多次谈到"平教会治国平天下的立场"，所谓"平天下"就是"民族平等，整个人类世界和平"。[2] 他还提出要"赋予孔子光照千秋的思想'四海之内皆兄弟'，以新的内容和精神，培养'公民'意识，确立国家独立意识，发展具有全球意识的中国"等。[3]——这是晏阳初的信念：中国不仅应为世界发展做出贡献，而且作为文明古国，中国传统文化也应是世界文明的宝贵财富。他要做的，就是由中国推行到世界的转化工作，这应该是我们前面讨论过的"民族自觉"与"文化自觉"的重要方面。他也同时一

1 晏阳初：《抗日战争以来的平民教育》（1948 年 4 月 14 日），见《晏阳初语录》。
2 晏阳初：《关于校风诸问题》（1942 年 3 月 8 日），见《晏阳初语录》。
3 晏阳初：《致M.菲尔德》。

再提醒：每一个第三世界国家的乡村改造运动都"不是外国的而是本国的"，它不能"建立在与本国文化不一致的外国乡建运动的方法上"，当然也包括不能盲目搬用中国的方法，它必须是由其本国人"自己领导与发动"，寻找适合本国国情的改造建设道路。[1]

而最具创意的，是"人民的国际性"概念的提出："必须认识到我们不能以民族和国家为单位，要确实认识到人民的国际性。应以全世界为一个单位……中国有'天下一家'的说法，当人民有了世界意识后，他们就会认识到自己绝不是一个与世隔绝的单位，而是世界整体的一部分。"[2]这应该是晏阳初"平民"思想的重要发展。如此强调"人民的国际性"，是基于这样的判断："人们越来越意识到发展'全人类'的紧迫性和重要性。"[3]晏阳初因此提出了全球"集体安全和集体繁荣"的概念和理想："今天，没有单独一国的安全，就

1　晏阳初：《复J.W.莱斯利》(1959年2月11日)，见《晏阳初语录》。
2　晏阳初：《告语人民》。
3　晏阳初：《接受拉蒙·马可赛赛奖的答谢词》(1960年8月31日)，见《晏阳初语录》。

连单独一国的健康也不可能，因为别国的疾病和病菌也会传播过去的。"中国传统的"天下一家"的观念，因此也就有了新的现实的意义，它要求地球上的每一个人，都应该超越狭隘的国家、民族的观念，而要有"世界整体性"的思维。晏阳初说："明智的国家主义就是国际主义。"[1]

今天我们读到晏阳初在七十年前提出的这些超前的论述，不能不感慨系之。因为到了我们所生活的21世纪，人类才真正进入了晏阳初所预言的"世界整体性"即"全球化"的时代：今天任何一个国家的问题，都是世界的问题，中国问题的解决，离不开世界问题的解决；世界上发生的任何问题，都会成为我们自己国家的问题。时代要求我们，不仅要有本国的"公民意识"，更要有"世界公民意识"。我们正应该以这样的"世界公民意识"（也就是晏阳初所说的"人民的国际性"），来看待我们的志愿者运动和乡村改造、建设运动。我在北京奥运会以后和志愿者的一次谈话里，曾经引述

1　晏阳初：《告语人民》。

了作家龙应台的论述，指出所谓"世界公民"就是"他的观照面超越他的本土，而且自觉是全球上的一员"；所谓"世界公民意识"就是"强调对彼此以及对地球的责任"。它主要有两个侧面：一是关心地球本身的"永续"发展；二是"理解并积极行动去解决地球社会不公不义的问题"。"让地球永续，让人类公平"，这应该是我们的新理想。[1]这样的理想和晏阳初当年提倡的"全球责任感"应该是一脉相承的。我们所从事的中国志愿者运动和乡村改造、建设运动应该是国际志愿者运动和国际乡村改造、建设运动的有机组成部分；而这样的国际运动，恰恰也是晏阳初所参与创建的，而且是以他当年在中国的实验为基础的。这样的传统在中国本土失传近半个世纪以后，才在今天的中国青年中得以重新承续，对我们而言，不仅意义重大，更是责任重大。晏阳初说：我们"不像麻雀一样群集，却像

---

1 参看钱理群《奥运会后的思考》(2008 年)，见《重建家园》，第 42、43 页，广西师范大学出版社 2012 年出版。

珍贵而孤独的鹰，翱翔于高空。"[1]——我们应该飞得更高，更远！

2013 年 10 月 13—20 日

1　转引自理查德·埃尔斯·大卫（国际乡村改造学院专家）《在晏阳初诞辰一百周年纪念会上的讲话》（1993 年 10 月 26 日），见《晏阳初纪念文集》，第 196 页，重庆出版社 1996 年出版。

晏阳初论平民教育与
乡村改造（语录）

一、解除劳力的苦，开发劳力的力

1. 民为邦本，本固邦宁

我们从事乡村工作主要的一个哲学是"民为邦本，本固邦宁"。本不固邦不宁。如果诸公要问我们这些年干些什么工作，我们答复是努力实现"固本"的工作。怎样"固本"是个大问题，也可以说我们这几十年就是为了要研究，彻底地深刻地创造一套学术，以便传授给后来人，后来这些青年。

——《我为什么第二次回到祖国》(1987 年 7 月 10 日)，2-489[1]

---

[1]　选自《晏阳初全集》，湖南教育出版社，1992 年出版。"2"表示卷号，"489"表示页码。下同。

先贤先圣留给我们的古训中有一条叫作"民为邦本，本固邦宁"。人民是国家的根本，本不固则邦不宁。这虽是几千年前的老话，但它却是历千年而不朽的真理。人民是国家的根本，要建国，先要建民；要强国，先要强民；要富国，先要富民。世界上无论任何国家，都是一样。从来没有哪一个国家，是国势强大而人民衰弱与人民贫困。

——《乡村改造运动十大信条》（1988 年 4 月），2-557

四万万民众中，有 80% 的人不会读或写，千百万人对自己国家是专制还是民主一无所知。这样的民众怎么能够形成一种明智的共同意志并真正参与国家事务的管理中去？为什么贪官污吏与列强能够为所欲为？为什么百姓的苦难与社会上贪赃枉法有增无减？民众早一天获得教育，那对人民，对世界都是一件幸事。平民教育运动正是应这一历史使命而产生的。

——《平民教育运动》（1924 年 9 月），1-52

在从前君国时代，国家所有的问题，虽然是靠着圣君贤相来解决，但也知道"民为邦本"，重大的事情，还得要"谋及庶人"。现在既已入了民国时代，国家的主人翁，明明就是人民；假若人民全体，或多数，具有解决问题的知识和能力，那就不怕问题之多且难；倒是愈多愈难，愈发表现解决问题的智能，国家社会愈呈新兴活泼隆盛的气象。从反面说，名义上虽然号为民主国家，事实上不论人民全体或多数，甚至连少数，都没有解决问题的智能；遇着问题发生的时节，只是淡漠旁观，惊骇躲避，或是抑郁烦闷，暴躁妄为，相率而出于轨道外行动，形成一种恶势力。这岂特为我中华自召的不幸，亦将延为全世界的浩劫！

　　　　——《平民教育的宗旨目的和最后的使命》（1927年），1-114

（我们要）脚踏实地地做共和国家以民为主的工作，从根本上唤起民众，使他们知道人民都应该参与政治运动，人民都能参与政治，才是真正的民主的政治。不参与政治，让一般军阀、官僚、政客去把持，就是假民主的政治。……从速施行平民教育，提高民众的知识，才有实现真正的民主政治的希望。孙中山先生说：外国人建屋重在奠基，中国人的建屋重在加梁，我们建设民主政治的华夏，请从奠基始。

——《平民教育概论》(1928 年 4 月)，1-127

我们的领袖过去所犯的重大错误之一，就是他们
很少注意或根本不注意国家的基础工作。我深信，只
有有了一个牢固的基础，才能有一个富强康乐的中国，
而这个基础正是平民百姓。我认为，我应该坚持从教育
人民的角度来建立这一基础……我要从下而上地工作。

——《告语人民》(1945 年 3 月)，2-595

2. 根本解决"人"的问题

今日我国的问题，这样地复杂，非从根本上求一
个解决方法，只顾头痛医头，脚痛医脚，终究是治丝
益棼，剪不断理还乱的状态。所谓的根本解决法，在
将欲从各种问题的事上去求的时节，先从发生问题
的"人"上去求。因为社会的各种问题，不自发生，
自"人"而生。发生问题的是"人"，解决问题的也是
"人"。故遇着有问题不能解决的时候，其障碍不在问
题的自身，而在惹出此问题的人，所以我中华四万万

75

民众共有的各种问题，欲根本上求解决的方法，还非从四万万民众身上去求不可。

——《平民教育的宗旨目的和最后的使命》(1927 年), 1-115

中国今日的生死问题，不是别的，是民族衰老，民族堕落，民族涣散，根本是"人"的问题，是构成中国的主人，害了几千年积累而成的很复杂的病，而且病至垂危，有无起死回生的方药的问题。这个问题的严重性，比较任何问题都严重；它的根本性，也比较任何问题还根本。我们认为这个问题不解决，对于其他问题的一切努力和奋斗，结果恐怕是白费力，白牺牲。近数十年来一切的改革建设失败的经验，已经够给我们认识这个问题的根本性和严重性了。

农村运动，就是对着这个问题应运而生的。它对于民族的衰老，要培养它的新生命；对于民族的堕落，要振拔它的新人格；对于民族的涣散，要促成它的新团结新组织。所以说中国的农村运动，担负着"民族再造"的使命。

——《农村运动的使命》(1934 年 10 月), 1-294

构成国家的三要素是土地、主权与人民。如果有人问：这三要素比较起来哪一个最重要？我的回答是"人民"。自古以来，不问中国、外国，历史上割地求和丧失主权，是常有的事，只要有"人"，失地可以收回，主权可以恢复。如果没有"人"，土地谁去开发？主权谁去维护？所以土地、主权、人民三者，虽然都是立国的要素，而"人"更是要素的要素。

——《农村建设要义》(1938 年 4 月)，2-34

村庄是重要的，但村民更重要。如果村民的思想与精神得不到改造，村庄的改造是不可能取得成效和持久进行下去的。乡村改造仅仅是方法，而人的改造才是目的。上帝最宏伟的创造不是日月星辰，而是人，因为人能够按照自己的想象来塑造自己。

——《接受拉蒙·马可赛赛奖的答谢词》(1960 年 8 月 31 日)，2-379

如果我们只把注意力放在科学技术上，忘记了思想意识，总有一天我们会觉察人们可能越来越满足生活现状，很少去考虑生活的目的。他们可以吃饱饭，但却不能成为自由的人。如果我们只考虑填饱肚子而忽视提供精神食粮，那是可悲的。

——《接受拉蒙·马可赛赛奖的答谢词》(1960 年 8 月 31 日), 2-379

　　我们乡村改造的目的不是使人们摆脱困境，而主要的是在摆脱困境的过程中真正开发出个人和社会的发展与创造能力，通过自己的能力和社会的生命机制，开拓新世界前景，使个人和社会都得到良好的全面发展。我们不希望人们单纯地从教育和其他的立场来看待我们的事业，教育只是我们事业中的一个主要环节，不是我们事业的全部。这点请诸位注意！

——《乡村改造运动十大信条》(1988 年 4 月), 2-566

3. 知"劳力"，劳力之"苦"与"力"

　　我哪里了解我的人民？真的一无所知。直到在第一次世界大战期间服务于法国战场的华工，接触到这些大量的所谓劳工苦力时，我才认识到我们的民众不仅是极痛苦的人民，而且这些苦力也是真正的伟大的人民。

——《抗日战争以来的平民教育》(1948 年 4 月 14 日), 2-327

三千多年来谁管得到广大的"苦力"？"苦力"
是谁？是农民。我发现了一个新人物，这个新人物就
是"苦力"。"苦力"两字对我有深刻远大的意义。这
是大学教师不能教我的，是单靠自己不能知道的，是"苦
力"教训了我。我不但发现了"苦力"的苦，还发现了"苦
力"的力，"苦力"的潜伏力。……生意人知道开金矿
银矿的重要，忘记了脑矿。世界上最大的脑矿在中国。

　　　　——《在成都校友欢迎会上的讲话》(1985 年 9 月 18 日)，2-482

　　中国农民不但在"量"上占全国民众的最大多数，
而且在"质"上，更是一国的基本队伍，具着无限可
能性的潜伏力。他们是中国真正的唯一的生产分子。
衣、食、住、行，都由他们而得。……整个的民族生活，
都依存于这班劳苦的农民大众。而且中国历史上的伟
人，亦多半来自田舍。就从最近的历史看：我们的民
族英雄孙中山先生，便是一个农夫的儿子！所以无论
从任何方面而论，农民是全国民众的最大重心，是民
族的维系者与整个国家的依存者。农民能动起来，整
个国家便蓬勃起来。农民能一齐抗战，整个民族便可

解放而得独立自由！

——《关于我们为何发起农民抗战教育的广播稿》
（1937年11月23日），1-555

　　中国人民号称四万万，农民占了百分之八十，所以，真能代表中国的，不是上海的买办，不是天津的富户，也不是长沙市上的居民，而是居住在两千个县中无数农村里的三万万二千万的乡下佬，因为乡下人占全人口的绝大多数。就是这些富户、买办以至于达官贵人，也不是世居城市的市民，他们的祖先，什九都是乡下人。所以不但代表中国国民的应该是农民，连中国的人种也是出于农村。中国人的基础在农村，原属毫无疑义，可是一般人向来就没有注意到这问题。讲政治只讲上层政治，而不注意农村政治；讲教育只讲大学、中学、小学教育，而不讲农民教育；讲经济只讲国际贸易、国际经济，而不讲农村经济。人是立国的根本，我们却忘掉了根本，当前放着成千成万的农民，固国强国的雄厚力量，无人去运用。让农民无知无识到底，不给予教育机会，甚至连他们的生死存亡都不管。我常说，中国之所以贫困，主要原因是"忘本"。……亡中国的不是别人，还是我们自己，自己毁灭自己的基础，自己放弃自己的基础，如何不亡国！……复兴民族，首当建设农村，首当建设农村的人。

——《农村建设要义》（1938年4月）2-34~35

建设农村，既然这么重要，为什么不去建设呢？原因很复杂，现在提出三个要点：

第一，没有认识问题所在。……八九十年来改革已非一次，可是所有改革，都不是着眼于人民生活的需要，都是根据自己主观思想，把自己的抱负当作人民的需要……真正的基础问题没有抓住……运动的背后缺少力量，运动自然没有生命，终致人存政举，人亡政息。……

第二，受了西洋文化的影响。西洋文化是工业文化，工业文化集中于城市。中国许多留学生，到西洋去搬回来的，就是这一套。……一切建设，都以城市为中心，就无所谓农村建设。

第三，中国士大夫的麻木。……旧的士大夫，自居四民之首，不辨菽麦，不务稼穑，"村夫""农夫"

成了他们骂人的口头禅！新的士大夫呢，从东西洋回来，一样地不屑讲农村建设，斥农民为"麻木不仁"。

——《农村建设要义》（1938 年 4 月），2-35~36

在中国历史上，有两种瞎子，两种盲人。一种是生活在社会底层的不识字无知无识的瞎子，叫"文盲"；一种是虽有知有识，但处在社会的上层，远离劳苦大众，不了解广大人民的疾苦，更看不到人民身上的潜在力量，这种人也是瞎子，我称之为"民盲"。

——《乡村改造运动十大信条》（1988 年 4 月），2-558

我们有两个发现，那是真正的革命。其一是我们学会了评价农民。多少个世纪以来，我国的农民从未受过教育。这被认为是天经地义的事情。但是我们发现农民所缺少的不是头脑，而是机会。于是我们发现了所谓苦力的巨大力量。我们的另一个发现同样令人吃惊。那就是认识到我们自己——知识分子的无知，并且受到了我们自己农民的教育。于是开始了一场革命，一场反对旧制度的革命。在旧制度里，这些优秀的农民没有受教育求发展的正常机会。从那时起，我们就试图开发苦力的力。

——《关于乡村改造运动的总结》（1965 年 4 月 22 日），2-402

这一运动在中国历史上是第一次把学人和"苦力"联结起来。……我们将打破几千年来两大阶级的壁垒——少数士大夫高高在上，千百万文盲压在底下。这个壁垒存在一天，中国就没有实行真正民主的希望。

——《发展国家的根本》（1947 年 9 月），2-315

许多人讲全民动员……（但）忘却了占全国同胞半数的妇女。现在我们要认真地开发民力，这二万万妇女的伟大力量，再也不能忽视。不然中国民众纵然站了起来，也是独脚者。

——《青年应献身于基层政治工作》（1938 年），2-92

4.除文盲，做新民

平民教育运动的使命，在于"做新民"。分析其内容，有下列几项：

养成有知识，有生产力，有公共心的整个人。

养成社会健全的分子，发展社会的事业。

养成建设国家的国民，增高国际的地位。

——《平民教育概论》（1928 年 4 月），1-132

读书的要做工，做工的要读书，这才是整个的新民！

中国人大概可分两部分，一是受过教育的读书人，一是没有受过教育的农工们。可是读书的不做工，做工的不读书，所以都成了"半个人"。……教育与生活打成一片之后，人人既有了科学的头脑，又有农工的身手，这才是"整个"的人，这才是平民教育运动所要做的"新民"。

——《在定县展览会上的演说话》（1930 年），1-173

我们的主要目的是创造新的公民，因为那是我们的基础。

——《告语人民》（1945 年 3 月），2-631

1776 年美国的《独立宣言》，1789 年法国的《人权宣言》都表明了"人人生而平等"的思想。1948 年联合国大会通过了《世界人权宣言》，进一步发挥了这一基本思想。它和中国的封建思想是根本不同的。受

过现代教育洗礼的知识分子首先应当具备民主自由
的先进意识。对待中国的平民百姓，特别是占人口总
数 85% 的农民，我们要从心底把他们看作是与我们一
样的平等人，看作是我们的同胞，是自己的兄弟姐
妹。……所谓"平民教育"，其"平民"二字中的"平"，
并非只"平凡"一义，其中还含有"平等"的意思。
首先是人格平等，其次是机会平等。当真正实现平等
的时候，天下才能"太平"。

——《乡村改造运动十大信条》(1988 年 4 月)，2-559~560

 ……唯一的办法便是实现民治、民有、民享的民
主政治。

 ……一个民主的国家，至少要有言论、出版、信
仰的自由。

 ……民主政治主要的关键不在民享、民有，基本
的还是民治。无民治,谈民享,你不配;谈民有,不给你。
若是真能民治，他敢不让你享，敢不让你有吗？因此
我们要研究，子子孙孙地研究，寻求实施民治的方案，
教育民众，达到民治的目的。

……平民教育即是平民的政治教育，也唯平民教育，教育全国的人民自己管理自己的事情，才能救中国。

——《战后乡建工作努力的方向》(1942年5月11日)，2-158~159

5. 民族自觉与文化自觉

乡村建设运动当然不是偶然产生的，它的发生完全由于民族自觉及文化自觉的心理所推迫而出。所谓民族自觉就是自力更生的觉悟。一切高喊打倒帝国主义或帝国资本主义曾经狂热一时的目标，都变成了胰子泡样的空虚口号，在民族自身没有力量之前，一切的一切都是废话。涨红了脸吹破了胰子泡以后，沉下心来反求诸己，觉得非在自己身上想办法，非靠自己的力量谋更生不可。这就是所谓自力更生的觉悟。乡村建设更是这个觉悟的产儿。因为一回头来想到自己，就发现中国的大多数人是农民，而他们的生活基础是乡村。民族的基本力量都蕴藏在这大多数人——农民——的身上，所以要谋自力更生必须在农民身上想办法。而自力更生的途径也必须走乡建的一条路。

他方面，中国近百年来因与西洋文化接触，反映出自己文化的落后，事事都不如人。同时国内的社会秩序、政治制度、礼俗习惯，所有一切的生活方式都发生变化。固有文化既失去其统裁力，而新的生活方式又未能建立起来，因而形成文化的青黄不接，思想上更呈混乱分歧的状态。有的主张复古以挽救已动荡的局面，有的主张追步西方的现代途径，更积极点的便唱全盘西化。到了现在，无疑地，新文化已在中国人的生活上和思想上都具有极明显的影响，然而传统文化的积力仍然把每个中国人牵引着不容易往前走。这种文化失调的现象实有从根本上求创应（Creative Adaptation）的必要。这样就想到"人"及其生活基础的改造。而中国的"人"的基础是农民，其生活的基础在乡村，所以结果也就逼上乡建的一条路。

——《十年来的中国乡村建设》（1937年），2-559~560

二、平民教育思想

1. 创造适合中国国情的教育

实如美国教育家所说"中国的平民教育是自有人类以来最大的教育运动";而且我国平民教育是世界上的特殊教育问题,是东洋、西洋所没有的,要想抄袭,绝不可能。所以像这样重大问题,非专门研究,专门去办不可。

——《平民教育的真义》(1927年),1-110

务求所施的公民教育为真正中国的公民教育,不是由他国模仿来的公民教育。外国的公民教育未必可以直接模仿为中国的公民教育。……有外国的历史文化和环境，而后产生出他所特有的公民教育。有我国的历史文化和环境，亦当有我国所特有的公民教育，方能适应我国的需要。要知道什么是中国的公民教育，非有实地的、彻底的研究不可。我国办理教育数十年，成效未著，原因固然复杂，而我国从事教育者奴隶式地抄袭外人，漠视国情，也不能不说是失败的一个大原因。所以我们现在要办公民教育，当以彻底研究为第一要务。对于本国的历史文化环境务必研究彻底，求得公民教育的根据；对于外国方面的，亦可引为参考，以期适合世界潮流。

——《"平民"的公民教育之我见》（1926 年 4 月），1-65

现在的所谓"新教育"，并不是新的产物，实在是从东西洋抄袭来的东西。日本留学生回来办日本的教育；英美留学生回来办英美的教育。试问中国人在中国办外国教育，还有什么意义？各国教育，有各国的制度和精神，各有它的空间性和时间性，万不能乱七八糟的拿来借用，现在的学生是在学日，学美，学英，弄得一塌糊涂。学非所用，用非所学，所以许多大学生都在失业，而国家复闹人才缺乏的恐慌。人找不着事，事找不着人，这是充分去模仿外国的结果，整个教育因此破产。

今后新教育的途径是：不要再模仿别人，要自尊自信，自己创造。

——《"误教"与"无教"》（1936 年 10 月 17 日），1-465~467

平民教育是我国特有的教育问题。……只有根据本国国情、人民心理而定教育的目标、方法与进行的步骤。

——《平民教育概论》（1928 年 4 月），1-129~130

2. 救亡图存的教育

中国不必亡，亡不亡全在教育界。教育界可以支配中国，支配前途，改造社会，有史可证。

——《平民教育》（1923 年 10 月），1-51

今日中国，危亡已迫于眉睫，今日所应施之教育为最低限度最基本必不可少者之救亡图存之教育。

——《中国农村教育与农村建设问题》（1935 年 3 月），1-366

当知今日的世界为民族智识的战场。……吾辈羞视三万万以上的同胞，在二十世纪的文明世界流而为文盲；吾辈恐惧四万万的大民族，不能生存于智识竞争的世界；吾辈愧为民主共和制度下的人民，不能自立自新而影响及于全世界的祸乱，更羞见有五千余年的历史，自尊为神明贵胄皇帝的子孙，对于二十世纪的文化无所贡献。四顾茫茫，终夜徘徊，觉舍抱定"除文盲、做新民"的宗旨，从事于平民教育外，无最根本的事业，无最伟大的使命，无最有价值的生活，这是同仁的自觉心，责任心，奋斗心。

——《平民教育的宗旨目的和最后的使命》（1927年），1-116

更有可痛心者：现在火线上来打我们的，不是敌兵，而是我国自己的壮丁、民众；我们去搏了命而打死的，不是仇寇，而是我们自己的骨肉同胞！……更进一步可哀的现象是做日寇的"顺民"！只因为我们的民众，平时候没有受教育——不但"战"的教育，连最起码的国民教育、识字教育都没有机会受到。而日本人饵他们一点极小的小惠，便"抚我则后"地做了他最驯

服的顺民。……永远麻醉下去，代代为其驯畜！言念
及此，真叫人冷汗浃背，骨髓寒战！

——《关于我们为何发起农民抗战教育的广播稿》
（1937 年 11 月 23 日），1–552

3. 平民教育

　　平民教育是对于十二岁以上不识字的及识字而缺
乏常识的全国男女所施的教育，所以它的目的有二：
（一）使一般十二岁以上不识字的男女都能够运用日常
生活必需的文字；（二）使一般已识字而缺乏常识的男
女皆领受共和国民应有的基本教育。这两种目的又可
以总起来说：平民教育的目的是把目前全国的"平民"
都养成为好国民。所以设施平民教育，是以识字教育
为起点，而以公民教育为正鹄。

——《"平民"的公民教育之我见》（1926 年 4 月），1–64

　　平民教育运动，有下列五种特殊的、必要的性质。
　　超然的　平民教育乃全民众之教育，无宗教，无党
派，无主义之色彩。……

义务的……

地方自给的……

人人有份的……平民教育运动不论男女、老幼、贫富、贵贱，皆有参加之机会，故平教运动为养成人民合作精神之一种最良的方法。

以民为主的 平民教育运动，完全为民众自动的运动，不受任何方面之支配指挥，此种运动，直接使人读书识字，间接即养成民治精神。

——《平民教育运动术》（1926 年 9 月），1-76~77

所谓（平民教育的）根本办法有四个要点。

第一，要根本改变从前办平民教育的旧观念，认清此二百兆之民众教育是一种专门教育事业，不是"施衣施粥"式的慈善事业。以前办平民教育者虽不乏人，但却少有把他们当作专门的正宗的教育事业去研究，去提倡它。试想二百兆以上人的失学问题，是何等重大，岂可做寻常附属事业看待呢？

第二，要有一定的机关，专司其事，一面罗致专门人才，做精密的科学研究，一面为热烈的、有组织的提倡。

第三，要有一定的制度：凡办教育，无论如何，总得要有一定的制度。平民教育应该有平民教育的"学制"。

第四，要大规模地去办：我国失学之男女青年和成人，在二百兆以上，不仅是中国最大的教育问题，亦是世界上的最大的教育问题。问题既然如此之大，如果零零碎碎地去办，过五十年也没有希望。

　　　　——《关于平民教育精神的讲话》（1926年11月30日），1-84

"社会教育"（按：指图书馆、博物馆、音乐厅、展览会、动植物公园等场地所进行的教育）是"平民教育"的一部分事业，却不能说"平民教育"就是"社会教育"。

还有一种很普遍的误会，就是把"平民教育"当作"贫民教育"……"平民教育"之受教者，是不分贫贱富贵的，决不限于贫民。……"平民教育"是以教育程度来定范围的，不是以经济能力来区分的。

"平民教育"可以说是"全民教育"或"民众教育"。……"平民教育"绝非阶级教育。"平民教育"……

使所有的人都受教育，以达到士农、士工、士商、士兵的目的，实行"均学"主义。所以说"平民教育"是打破阶级的教育则可，如说"平民教育"是制造阶级的则不可。

——《平民教育的真义》(1927年)，1-110~112

吾辈所以努力于平民教育的目的，正为培养国民的元气，改进国民的生活，巩固国家的基础；无主义的主奴，无党派的左右，无宗教的成见，无地方的畛域，无个人的背景，无新旧的界限……虽以爱国为精神，而不偏于狭隘的国家主义；虽以爱世界为理想，而不偏于广漠的世界主义；至于宗教上或党派上的信徒，尤其任国民的自由意志去选择，绝不挟入平民教育内来宣传。

——《平民教育的宗旨目的和最后的使命》(1927年)，1-117

我们相信，在共和制下中国的男女老少都应学会阅读，"学者"和"农民"不应该是两个不同类型的人。我们看到在"普通学校"中出现了一个新的联盟——"学—农联盟"。这种学校不是为"普通"人办的学校，而是为"平等"的人办的学校。中国语言里有"平等"这一词，但没有"普通"人这个概念。"平"是我们用的中国语言，意思是平等——人格平等、机会均等，它还有太平的意思。"平民教育"一词是我们这个运动的名称，因此，将它直译成"平等人的教育"比按习惯所译成的"大众教育"更有意义。

——《有文化的中国新农民》（1929 年），1-146

教育的范围应该放宽，时间应该放长，自出生到老死，都在教育的活动之中。生活的过程应该就是教育的过程。民众教育应该顾到这一点。中国近百年来社会生活经历向来未有的急剧变化，现代的生活变动极速，教育的进展落在社会的、经济的、政治的进展之后。短时期的制度的教育，不能应付变化急剧的生活。为使民众能随时取得新知识技能起见，民众教育应该以不同的方式与办法，不断地实施教育，使能继续地应付生活的需要。

——《关于民众教育的任务》（1934 年），1-354

4. 民众教育与乡村建设的有机结合

从民众教育的立场说，人人都应该受教育，但就中国的情形说，尤其要注重农民，更应该注重青年农民。约略的估计，自十四岁至二十五岁的青年农民，至少有八千万。如其此八千万的青年农民，都取得中国民众所应受的教育，不但在教育上有重大意义，即在国家基本建设，乃至于民众的国防训练上，都有其重大的意义。

——《关于民众教育的任务》(1934年)，1-353~354

为什么"民族再造的使命"，要"农村运动"来担负呢？因为中国的民族，人数有四万万，在农村生活的，要占80%。以量的关系来说，民族再造的对象，当然要特别注重在农村；又因为中国民族的坏处与弱点，差不多全在"城市人"的身上，至少可以说都市人的坏处，要比"乡下佬"来的多些重些。你试到农村里去，在乡下佬的生活上，还可以看得出多少残存的中国民族的美德，在都市人的生活上，那就不容易发现了。

古来许多英雄豪杰成大功，立大业的，大部分都来自田间。所以就质的关系来说，民族再造的对象，当然也要特别注重在农村。

——《农村运动的使命》(1934 年 10 月)，1-294~295

在定县乡村办平民教育，我们觉得仅教农民认识文字取得求知识工具而不能使他们有用这套工具的机会，对于农民是没有直接效用的。所以从那时候起，我们更进一步觉悟，在乡村办教育若不去干建设工作，是没有用的。换句话说，在农村办教育，固然是重要的。可是破产的农村，非同时谋整个的建设不可。不谋建设的教育，是会落空的，是无补于目前中国农村社会的。

——《中华平民教育促进会定县工作大概》(1933 年 7 月)，1-246

着眼于农村建设的同志，经过多年的经历，知道非从民众教育上着手，则缺少"人"的基础。努力民众教育的同志，亦知道非致力农村建设，则教育必致落空，不能达到改造生活的目的。近来许多主张民众教育目标"由乡村建设以复兴民族的"，这是近年来对于国家民族前途的一种进步的认识。民众教育与农村建设在通盘计划之下进行，不仅民众教育有了确定的对象，农村建设亦有了"人"的准备。如其全国各方面共同努力，不但教育上可以取得一种新力量、新生命。中华民族也可以开一条新路。

——《关于民众教育的任务》（1934 年），1-355

5. 实验的改造民族生活的教育

究竟要怎样的教育呢？总括起来说，要"实验的改造民族生活的教育"。中国式的古董教育，与民族生活不相干，只能造成三家村的乡学究；西洋式的舶来教育，与民族生活不相应，只能造成外国货的消费人。只有实验的改造民族生活的教育，才能造成国家中兴发强刚毅有作为有创造的民族。

——《农村运动的使命》(1934 年 10 月），1-297

（我们）并不是为办学校而办学校的。而且我们的教法，也和普通学校不同。因为在这个穷乡僻壤之中，既无名教授，也无丰富的图书馆，只有四十万人民。这四十万人民就等于四十万册的活书。这种活书的读法，就是要攒入人民的生活里，先了解他们的困难，再想出解决这些困难的办法。我们这里的导师，只是引导诸位去做这种工作，并不是把所得的东西来传授给诸位的。我们是注重教育的生活化和实际化。

为什么要诸位亲身到人民生活里去求学呢？因为平教运动，既不是模仿东西洋的成法，也不是我们祖宗先人所固有，完全是重新创造出来的。我们觉得要创办一种人民生活的教育，非先了解人民的生活的实况不可。

——《在平教专科学校开学典礼上的讲话》（1931年9月21日），1-175

重要的是把中国整个的研究方法、哲学观点改变过来，证明研究实际社会科学必须应用到实际生活中去。……各位试看社会科学及自然科学发展史，可以知某一时代科学的创造，不论是天文地理，物理化学，都先是因为看法不同，做法不同，而后始有新学术产生，新事物发明。以历史眼光观察本会事业，可以知猪种玉米之改良固是大贡献，而哲学观念的改造，影响中国学术界必更重大。……平教运动，对于一般知识阶级、教育、经济、政治的看法，有很大的革命。不是为研究而研究，是为国家社会生活而研究；不是关门研究，是钻入人民生活里去研究，以人民的生活做研究对象；不是在屋子里研究，是以整个的社会做实验室。……从前大科学家牛顿、达尔文的成就，都是从微末处生根。苹果落地，发现了万有引力的原则；微生物的观察，获得了物竞天择的学说。此皆因书本上之死知识产生不出的东西，而唯脚踏实地去观察实验才会发现真理。

——《在平教会长沙办事处周会上的讲话》（1937年6月），1-505

外国的教育家都说"教育是为适应生活"，但我们却觉得不然。我们认为教育不仅是适应生活，而应该是"改造生活"。……我们要普及的教育，不只是适应生活的教育，而为改造生活的教育。不过，我们先要研究环境和生活中哪一部分应该改？哪一部分应该造？改是改，造是造，改了不一定便造。只知道讲改，却不会造，还是不行。所以我们要求改什么，便要研究造什么。同时，要使农民改，先得使他们知道哪一部分应该改；要使农民造，先得使他们知道哪一部分应该造。若是不使他们知道，则仍是为教育而教育罢了。

——《中华平民教育促进会工作的演进》
（1935 年 12 月），1-432~433

要把握着生命。生命从哪里来？从生活里来。中国人做事总是贪舒服，骛表面，不肯向实际里钻。……大学教授关上课堂门教他的书，青年学生关在校舍里读他的书，大家在书本上用功夫，究竟生活是怎样一回事，根本不问不闻。平教会十多年来的工作，打破社会上传统的习惯，自己钻到实际生活里头去，就生活的事实研究其所以然。我们不是登天，而是入地。耶稣说："一粒麦子放在桌子上永远是一粒麦，放在泥里去，他就有了生命，得到发展，化身出许多粒麦子。"研究学问，须往生活里钻，才会得到有生命的学问。不肯往下层钻，这是中华民族的致命伤。不务实际，绝不能认识生活，抓住生命，在这非常时代，也就不能有所贡献。

——《关于非常时代中国青年应有的精神的讲话》
（1937 年 11 月 14 日），1-517~518

6.三大教育方式

一项改革计划，如果强加于人民，而没有他们的参与，注定是短命的。只有人民创生了新的思想意识，乡村建设计划才能实现……为达到此目的，通过及于人民三大渠道即学校、家庭和社会，"平民教育三大方式"就已研制出来。……

A.学校式

1.平民学校：通过培养青少年的平民学校……在准备引进科学方法和启发"建设思想"的过程中，开辟了发展人民智力的道路；社区最优秀的分子在非营利的事业的合作中出现了，这就为社区服务的、觉悟的、进步的青年组织奠定了基础。

　　…………

2."统一的村学"的实验：……今日的乡村小学普遍类型都是因袭西方国家的，而且是为城市小学设计的，不能适合乡村儿童的需要。"统一的村学"实验包括初级小学。……

B. 家庭式

家庭式的教育有双重目的：帮助解决家庭与学校之间的矛盾，为了扩大家庭责任感，要使"家庭社会化"。在接触家庭年长的妇女时，帮助她们减少对青年妇女和儿童教育的阻挠或反对，使她们的教育更有效益。

……（要）发现一种方式，如何把学校课程某一部分，例如培养卫生习惯的部分，交由家庭来承担并使家庭关心社区的利益，乐于承担社会责任。实验的另一目的是研究家庭最迫切的问题。例如儿童教育、家庭管理等。这项研究应为一种适合中国国情的新"家政学"提供基础，而这种新家政学应对中学和女子高等教育以及统一的村学发生影响。

C. 社会式

社会式是以平校毕业生的各项活动为中心，但它的意图是使社区所有成员按照四个方面计划（按：指文化、经济、卫生、政治方面的改革与建设）的路线继续受教育。

——《定县的乡村建设实验》（1934 年 7 月），1-262

现在中国仍是以家庭为国家组织的单位，欲治其国，须从齐家起。平民教育为齐家所急需的至少有两点：

1. 平民教育与家长教育。欧美的教育注重在儿童；中国的教育应注重在家长。因为中国现在做家长的，自己都没有受过教育，不知道教育的重要，多不肯送子女弟妹们去上学。……

2. 家庭教育与学校教育。学校教育固然重要，但是家庭教育和儿童的发展，更是密切。因为学校的教育是有限制的，家庭的教育是无限制的。家长的一举一动，影响于子女者甚大；而教师的一言一行，影响于学生者甚小。……家庭是造人的工厂，要想制造有学问有道德的好人，须看家长是否有学问有道德的好人。倘家长受过平民教育，便有好习惯以教训灌输于子女。同时，学校教育得到家庭的协助与合作，定可收最大的效果。

——《平民教育概论》（1928年4月），1-126

学校、家庭范围都是固定的，欲向一般群众及有组织的农民团体施以适当的教育则必赖社会式。……

本会的社会式教育，除了推行四大教育外……还负有其他更重大的使命。研究室内研究所得的结果，是否适合于农村环境，如不经过一度实验，恐怕谁也不能确定，所以社会式教育必得把实验以后的得失经验，转达于各从事研究的工作者以资参考。且整个平教运动的目标与内容，能否随时随地与正处于急剧变化的旋涡中的中国社会的现阶段相适应，尤须赖与社会接触较多，对现社会的实况与动向有较切的体验与认识的社会式作其改进与充实的依据。

——《中华平民教育促进会定县实验工作报告》
（1934 年 10 月），1-338

三、乡村改造运动思想

1. 从研究实验入手

第一步要研究实验。……为实现民族再造的使命而创造的改造生活的教育，断不能不深入乡间，从农民实际生活里去找问题找材料，去求方法来研究实验，否则坐在都市的图书室里讲农村教育，那就是等于闭门造车，隔靴搔痒。

——《农村运动的使命》(1934 年 10 月)，1-299

"实验区"之设置……俨成风行一时之势，可见政治建设、社会建设工作之需要科学的研究与实验，已为一般所认识。调查工作之重要更为从事建设人所了解。

本会对于定县的实验最先注意的就是社会调查。要以系统的科学方法，实地调查定县一切社会情况，使我们对于农民生活、农村社会一般的与特殊的事实与问题有充分的了解与明了的认识，然后各方面的工作才能为有事实根据的设施。

社会科学和自然科学不同，不能依样画葫芦般的抄袭应用。必须先知道中国社会是什么样，然后始能着手于科学的系统之建设。因此，我们希望本会的社会调查对于中国的社会科学之研究有其贡献，以中国的社会事实一般的学理原则，促立中国化的社会科学。必如此，中国化的政治、中国化的教育等之建设，乃有可能性。

——《〈定县社会概况调查〉序》(1932年2月)，1-199、196、198

要建设中国的农村，先要找一个农村生活的单位。我们研究的结果，决定以县为单位。中国虽大，而是一千九百多县造成的。我们为实验和提倡起见，抓住一个可以代表的县去认识问题，找寻问题，研究问题，建设问题，希望能在这县里找到有普遍性、共通性，同时跟农民有关系的问题去研究它，以便将来别的县、别的省也可以采用。

——《中华平民教育促进会工作的演进》（1935年12月），1-432

把整个的实际生活作单位，以全县的政治经济社会——整个的国家的缩影，作研究的对象，这种真生活——不是假环境——的研究法，定县可以说是独创。定县四十万人，可以当作四十万卷书籍看待，四十万民众的问题，就是研究的问题，四十万人的生活单位，就是研究单位。这不但在以前的中国没有这种做法，就是欧美也是前所未有。

定县的实验，是在认识中国农村的基本问题研究及实验可能解决的方法，它是社会科学的实验室，不是办模范县。所用的方法，对世界，对社会科学界，是一个新贡献，有人遂把这种研究方法称为"定县主义"。

定县研究还有一个特点：研究所得，不仅是学术化，而且还制度化。不但求其所以然，更要进一步研究如何才能推行研究之所得。就是用什么样的制度，才能做什么样的工作。中国有许多学问，研究确有成效，可是未能形成制度，以致失传的很多很多。这是民族经验的大损失。定县研究，时时顾到怎样推行到民间去，把我们研究之所得，成为老农老圃自己的建设。这样中国才有自己的学术，不必去专靠外国人。……我们不要今天抄美国的一套，明天抄德国的一套，后天再换一套法国的，我们要自己一拳一腿、一滴一点的去开辟，去创造。

> ——《农民抗战与平教运动之溯源》
> （1937 年 11 月 7—11 日），1-532~533

有些人把农村运动，看作就是"农村救济"。……农村救济不过是一时的紧急事情；虽说它的要求很迫切，但是没有什么远大悠久的意义。若竟把农村运动，全看作就是农村救济，还未免把农村运动的悠久性和根本性抹杀了。

又有人把农村运动，看作就是"办模范村"。……办模范村，不过是限于当地的特殊事情，虽说它能给周围以好影响好刺激，但是没有什么普遍远大的意义。

若竟把农村运动看作就是办模范村，这又未免把农村运动的普遍性和远大性忽视了。

——《农村运动的使命》(1934年10月)，1-293~294

一位伟大的英国政治家埃德蒙德·帕克说过："让邪恶胜利的最可靠的办法是好人什么也不做。"泰国和有些发展中国家，由于缺少一个奋斗的目标和正确的领导，好人是分散的没有组织起来。

——《致R.瓦茨》(1967年4月12日)，3-774

我们始终持超越政治的态度。我们的信念是科学研究应绝对独立进行，不依靠任何或许有朝一日掌握中央或省政府大权的特殊政治家集团。假如我们不能很好地识别他们（我们已经多次遇到过诱惑），就会要和他们一起承担风险。我们认为平教运动的使命太重要了，不应为寻求财政资助和暂时的发展而去冒政治风险。

……在我国至今什么事情都难以落实，因为任何一项工作都需要政策的连续性。如把一项工作托付给那些瞬息变化的政治集团，那将肯定是危险的。……

即使在那些形势稳定的国家，最成功的研究工作，绝大多数也是非政府机构完成的。这样看来，政府机构无补于第一流的科学研究，似乎是很普遍的现象。

——《复斯丹巴》(1932 年 5 月 18 日)，3-276~277

在政府指导下开展乡村改造工作的地方，其最大的后果就是，该项工作受到不合理的政治影响，包括在官僚政治中盛行的裙带关系和固有的局限性。

因此，国际平民教育促进会应是非政治的、非秘密的民间团体，其目的是促进不发达国家的乡村改造工作。它致力于——

通过充分的试点工作，建立乡村改造工作的模式和标准，并作为研究工作的"社会实验室"和培训基地；

通过本地和公民的国家乡村改造运动和技术经济合作，在菲律宾和其他不发达国家推广乡村改造的方案；

建立国际乡村改造学院，为不发达国家培训乡建工作者、行政官员和技术人员；

研究更有效的方法和手段，以改善不发达地区农民的生计、健康、教育和道德。

——《菲律宾乡村改造运动的方法与其他不发达国家大不相同》
(1959 年 2 月 11 日)

近年中国有两个很普遍的现象：一就是整个的麻木不动，一就是忽地惊语，饥不择食地不研究其应如何动，而立刻乱动盲动。不动的害处固深，乱动的害处尤烈！……无时不在动，以至于组织和训练民众，也急急地在动，然而不研究内容，不研究方法，张皇地匆促地动了起来，不但弄得农民鸡犬不宁，更有许多借了训练农民的美名，实行剥削农民、敲诈农民的勾当！

我们要有热烈的感情，同时要有冷静的头脑。民众应该立即组织训练，自不待言，但尤应先把这个问题来分析一下：它的困难在什么地方？它的成功条件应该是什么？……非尽量调查清楚不可。

——《关于我们为何发起农民抗战教育的广播稿》
（1937 年 11 月 23 日），1-556

"改革者"是一个很傲慢的术语。大多数所谓的改革者只是到农村去改革这个，改革那个，好像改革就一定都是好的。问题是改革什么，不改革什么，何时去改革。许多东西并不需要改革……民族优秀的文化是不能改革掉的。……

破坏是容易的，但建设起来就难了。因此，必须懂得什么需要改革，什么不需要改革，如何改革和什么时候改革。在搞清楚这些问题之后，就要开始去建设。大多数所谓的农村发展工作者，往往是到农村去从事改革，但却忘记去建设。因此，与其说他们是在建设倒不如说他们是在破坏。

——《在第十届国际乡村改造培训班上的报告》
（1978 年 4 月 7—19 日），2-447~448

应该注重于创造的研究。凡是研究已有相当成绩者，即应另辟新途径。岁岁年年，依样画葫芦，绝非平教之精神。平教工作应是创造而不是守成。一种工作已经到了推广阶段，在其他团体大规模举办之时，本会即无再做之必要。平教会是学术团体，应该注重质的改进，把量的推广由社会去负担，否则就失去学术团体的意义与领导社会的力量。我们之所以为社会所信服，乃因我们有创造能力。……层层推进，日新又日新，才是平教运动的本色。

——《在平教会长沙办事处周会上的讲话》
（1937 年 6 月），1-506~507

中国的乡村重建运动从整体上看，必须有一个用以研究和训练的"统帅部"和一个用以扩展工作和人员分配的全国规划。过去痛苦的经验表明，如果这个"统帅部"要具有稳定性和持久性（其本身就能产生长久效果）并且不因政治的动荡而受挫折，那它必须是独立的和非政治性机构。……定县应立即承担其领导职责。……因为定县是一个政治试验和社会研究的技术性结合体，它具有训练干部，特别是高层次干部的训练场所，具有独立和非政治的特点，并且它还是基础人员的核心所在。

—— 《致 E. 西登斯特利克》（1934 年 11 月 23 日），3-448

在过去的二十年中，平教运动在中国是尽人皆知的，并被看作一个无党无宗的、民有、民治与民享的运动。只要我们的运动有为我们的人民服务的自由并且能够保持在我们自己的轨道上，我们将继续开展下去，但是如果我们没有自由，我们就会像中国的一句格言所说的那样："宁为玉碎，不为瓦全。"

—— 《致 G. 斯沃普》（1949 年 2 月 2 日），3-732

2. 农村四大问题

发扬民力，开发民力，改造生活，是一个巨大的工程，需要付出巨大的努力。但是千头万绪从何开始？我们认为要从平民最迫切的问题入手，从他们所知道并能理解的地方开始，在他们现有基础上来进行改造。

——《乡村改造运动十大信条》(1988 年 4 月)，2-562

在定县，我们研究的结果，认为农村问题是千头万绪，从这些问题中，我们又认定了四种问题，是比较基本的。这四大基本问题，可以用四个字来代表它，所谓愚、贫、弱、私。

所谓愚，我们知道中国最大多数的人民，不但缺乏智识，简直他们目不识丁，所谓中国人民有 80% 是文盲。

所谓穷，我们知道中国最大多数人民的生活，简直是在生与死的夹缝里挣扎着，并谈不到什么生活程度、生活水平线。

所谓弱，我们知道中国最大多数人民是毋庸讳辩的病夫。人民生命的存亡，简直付之天命，所谓科学治疗、公共卫生，根本谈不到。

所谓私，我们知道中国最大多数人民是不能团结、不能合作、缺乏道德陶冶，以及公民的训练。在这几个缺点之下，任何建设事业，是谈不到的。要根本解决这四个基本问题，我们便要从事四种教育工作。这四种教育是：（一）文艺教育；（二）生计教育；（三）卫生教育；（四）公民教育。同时这四大教育，也是我们从十九年（按：1920年）秋季开始，决定集中我们人力财力在定县做一个彻底的、集中的、整个的县单位实验的内容。

——《中华平民教育促进会定县工作大概》（1933年7月），1-247

3. 四大乡村改造计划

像中国这样一个正在经历文化和物质上变迁的国家，农村重建是一项甚至比在西方含义更积极更有生气的事情。它不只是修修补补的工作，而是件要通过社会和政治重建，在中国古老文明的基础上建立新的文明的积极工作。

——《致 E. 西登斯特利克》（1934年11月23日），3-446

（一）文艺教育，以培养智识力；（二）生计教育，以增进生产力；（三）公民教育，以训练团结力；（四）卫生教育，以发育强健力。此四者不可缺一，缺一则非健全的国民，缺四则尽失其国民的意义。国家不建设在国民的基础上，固然是很危险；建设在缺乏智识力、生产力、团结力、强健力的国民的基础上，更是危乎其危。

　　——《平民教育的宗旨目的和最后的使命》（1927 年），1-117

　　现在国家受异族的压迫，人民受军阀的摧残，其根本原因就在我国人民的平均知识低下。假使我们真有为民族争自由，为民权图发展的决心，则应先努力提高民智，使我国牛马奴隶生活的民众一变而为有知识有头脑的国民。

　　……即使文盲除尽，人人能应用日常必需的文字，其与国家社会的前途究竟有什么利益？这是平民教育第一重要问题。并且中国人还有一种最通行的毛病，在没有读书之前，尚肯做工，以谋个人的生活，一到抱了书本以后，便成文人。文人自己可以不必生产，社会应负供养的责任。还有一部分的人，终日埋头窗下，只求书本的知识，至于实际生活，尽可菽麦不分。这种寄生虫似的书呆子，不是平民教育的需求，且应尽力设法消除。所以平民教育于实施文字教育之外，即需有生计教育，使人人具备生产的技能，造成能自立的国民。倘全国人民均有生产能力，国民生计必皆富足，社会经济自极活动，就是将来世界的经济也都要受中国的影响了。

……即使民智提高，民生充裕，对于国家社会的前途究竟有什么利益？这是平民教育第二重要的问题。试看历来的卖国贼，何一非知识超越、经济富足的人呢？盖其人缺乏公德心，一举一动，只知有自己的祸福利害，不顾国家社会之祸福利害；所有知识、经济，只足以供其为恶之资，所作之恶，常比无知识无能力者高出万倍。倘平民教育处处都是养成这种自私自利的亡国奴，岂是国家之福？所以平民教育于实施文字教育和生计教育外，另有公民教育，希望造成热忱奉公的公民。

总之，平民教育是养成有知识、有生产力和公德心的整个人。

——《平民教育概论》（1928 年 4 月），1-123~124

文学、戏剧、绘画、中国历史中的伟大历史人物故事以及现代媒体无线电收音机等都应调配起来，作为人民智力和精神的滋养品并为人民娱乐服务。这些媒体应在人民中间激发乡村建设的思想感情，最终应重新发现"民族魂"并使之在现代世界中重现活力。

（1）平民文学

……中国丰富而卷数浩繁的文学作品是用"文理"即古典语言写成的并供贵族学者阅读的。这样的文学作品，远远超过人民大众的阅读能力。对于他们可以说，实际上是没有文学作品的。创造人民文学的含义，一方面是为教人民阅读准备语言工具，另一方面是培养学者为人民写作的技巧、思想感情和主题。

…………

为了装备并锻炼自己创造一种有生气的"人民文学"，人民文学组的成员到乡下生活和写作，借以沟通旧文人与民众之间隔阂。

…………

另一类型的研究是民间文学。定县是以秧歌闻名的，约在八百年前为大诗人苏东坡所首创（按：相传苏东坡作过定县县令）。平民文学组和社会调查组搜集了不少秧歌并出版了约五十万字的秧歌集（两卷集）。秧歌虽不是劳动人民自己写下来的，但它是"活的"人民文学，是值得当作他们的文化遗产保持下来。此项研究不只是语言学的研究，而且有助于作家们更好地理解我们自己的文化并为创造性的作品提供丰富的资料。

（2）平民戏剧

中国戏台几乎每个村镇都有，识字的和文盲都爱好戏剧。它比任何其他一种文化，对广大民众的思想和生活的影响都强大。中国的旧剧，在灌输忠、孝、节、义"四德"思想上出了不少功力，但在宣传迷信和对自然现象与日常生活问题的科学态度的发展，也起了不少的有害作用。……它的内容必须改编，使之适合新生活的需要。

……戏剧家为了捕捉"农民的心灵"，也应该在乡村生活和创作，因为只有了解人民的生活，他们才会创作出足以改造得有生气的戏剧来。……几乎所有青年农民，特别是平校校友会的会员开始组织戏剧俱乐部，在春节和其他节日，他们自己登台演出。人民戏剧的实验工作的下一步就是发展露天的"社区剧院"。

与旧剧不同，新剧是人民生活中诞生的，因而能够以新的理想和新的忠诚，鼓舞他们跟上时代的需要。

（3）绘画

为发展大多数尚为文盲的农民的智力和精神，除了彩色的和具有想象力的绘画，没有比它更为有效地表现思想感情的媒体了。多少世纪以来，文学、绘画主要是贵族和士绅们的消遣品，对于农民生活很少发生影响。然而，绘画却有其民族的文化根源，因而就应当使它对于文化建设目标产生效果。

…………

（4）历史人物

此项设计，可以说是整体研究我国文化的核心或中心。一个国家的历史是她所掌握的最有价值的塑造未来的资料。为了塑造伟大的现代人民，缔造中国历史的著名而有影响的人物，是应当进行探索和研究的。应当做的不是抄录他们的道德箴言，而是呈现他们赖以生活的民族理想。此项研究应该发现最崇高生活中所表现的民族灵魂。……我们编写的教材、传记、文学作品、戏剧、绘画、演讲和歌曲等等，均以这些人物为中心课题。我们认为，通过上述各种途径，按照现代的需要，对伟大人物不朽的品质，做出新的解释，综合成为一体，使之变成中华儿女的血和肉。

（5）人民的无线电广播

无线电广播是平民教育一种具有潜力、效率很高的媒介，我们已在进行广播的实验，决定充分利用它作为乡村建设的文化工具。

——《定县的乡村建设实验》（1934 年 7 月），1-263~266

生计教育的目标，要训练农民生计上的现代知识和技术，以增加其生产；要创建农村合作经营组织；要养成国民经济意识与控制经济环境的能力。换言之，要从生计教育入手，以达到农村的经济建设。

…………

　　生计教育部，曾有县单位合作组织制度设计，以研究村区各级合作经济组织及县单位之合作经济组织为目标。

　　（1）自助社 ……为合作社之准备，社员不必缴纳股金。……

　　（2）合作社 合作社采取兼营方式，按农民之需要，逐渐经营信用、购买、生产、运销四方面之经济活动。……

　　（3）合作社联合会 ……区有区联合会，区之上有县联合会。

——《中华平民教育促进会定县实验工作报告》
（1934 年 10 月），1-324~325

　　我国自设立学校以来，提倡农业教育……然农业科学自农业科学，老农老圃自老农老圃，两者上下悬殊扞格不入。科学之效用未尝达到民间，农夫田子亦不识其功用，而资采取。科学之效能既失，而农村之凋敝日盛，实与中央之提倡科学救国之本旨，大相违背。敝会观察既往，力矫前失，同人因相率深入民间，站在农夫的立场，去研究解决农事的实际问题，期将农业科学打入民间，使其成为农夫的技术习惯，不仅是书本之知识与舶来之学说已也。……本此主旨，遂确立三种实施方法，而为工作之步骤：站在农夫立场，本研究实验态度，去求解决农业实际问题，与一般农业专门学者，其研究之目的，非为研究而研究，仅求书本上之知识，而忽略农村实际问题者不同，此认清立场，而后从事研究方法之一也；将研究实验所得之结果，制定一套方法，以求深入民间，从事推广，改良农业科学之技术，此推广工作方法二也；应用科学之研究与纯粹之科学研究不同，欲求应用科学之成功，非与整个社会其他方面连锁，难期实现。故欲改进农业，势必与整个农村教育、经济各方面有连锁的关系，同时并进，方易为功。

——《致中华教育文化基金董事会请款书稿》(1926 年), 1-90~91

卫生教育的目的，就是要根据农村医药卫生的实际状况，顾到农村的人才经济，与可能的组织，一方面实施卫生教育，使人人为健康的国民，以培养其身心强健的力量；一方面要创建农村医药卫生的制度，

以节省各个农民的医药费用，改进今日医药设备的分
配状况，以促成公共卫生的环境。

——《中华平民教育促进会定县实验工作报告》
（1934 年 10 月），1-330

公民教育之意义，在养成人民的公共心与合作精
神，在根本上训练其团结力，以提高其道德生活与团
结生活。一方面要在一切社会的基础上，培养民众的
团结力、公共心，使他们无论在任何团体，皆能努力
为一个忠实而有效率的分子；一方面要在人类普遍共
有的良心上，发达国民的判断力、正义心，使他们皆
有自决自信、公是公非的主张。这是必要的根本精神，
亦是必要的道德训练。

——《中华平民教育促进会定县实验工作报告》
（1934 年 10 月），1-329

4. 县政改革：第四条腿

根据我们在定县工作数年的经验，似乎感到有一
种必要：就是由学术的立场去建设乡村，是由下而上
的工作，是基础实验的工作……不过如欲将研究所得

的推广出去，则非借政府的力量、政治的机构不可。因为不利用政府，则一方面地方政府在那里剥削农民，另一方面我们帮助农民增加生产，改良品种或组织合作增加他们的收益。可是这种收益有限，而地方政府的剥削则无穷。所以从消极方面说，如单以县为单位而帮助农民，救济农村，则非改革政治不可；从积极方面，要把我们研究实验的结果——教育的内容及农村建设的方案——推到民间去，亦非利用政治机构不可。研究与实施根本上是相异的，我们感觉学术与政治打成一片，然后实施才可以行得通。政治须学术化，学术要实验化。……

政治诚然是很重要，中央的政治虽能影响全国，但对人民的生活直接影响似乎较少。县政则不然，县政的优劣，影响于一县人民的生活很大。我认为中国的基本政治，是地方政治。没有好的县政，产生不出好的省政，没有好的省政，亦产生不出好的中央政治。所以县政是直接影响民众的政治，是老百姓的政治。所以地方政治才是人民的政治。

改革县政的消极事项，是废除贪污苛杂；积极的事项即如何使这政治机构改变过来，使专事收税的政治机关，而转为实施平教、建设农村的政治机构。……有了这种组织机构，还需要有知识有组织有教育的人民。一面有了由上而下的组织机构，一面又有了由下而上的组织机构，两者合流起来，打成一片，然后国家无论有什么计划方案，随时可以应用！学术是政治的材料，政治是学术的辅导，两者相辅而成，相依为命。政治由学术为根据，学术因政治力量而推动，这样才可以打成一片。故敝会工作最初以推行文字教育起始，继之以研究实验农村建设的内容与方案，现在则更进而研究学术与政治的合流，希望产生一套改造民族生活的方案贡献给国家。

——《平民教育促进会工作演进的几个阶段》
（1935 年 10 月），1-391~392

　　这里实行的社会建设计划是实际而有效的，但它就像一张只有三条腿的方桌一样，这三条腿是教育、经济和卫生，还缺一条腿，那就是政治。有了它，这张桌子才能支得起来，才能立得稳。

——《告语人民》（1945 年 3 月），2-621

科学化现代化的政治新方向，对于建设"新四川"、复兴中国的工作，是极根本、极重要、极有价值、有生命的做法。

——《如何建设"新四川"》（1936 年 10 月 2 日），1-475

我们要努力把中国的县建设成现代化（非西方化）的县，这种县要以我国最优秀的传统文化及最好的西方文化为基础。

——《致孔祥熙》（1929 年 12 月 30 日），3-134

中国整个的基本问题可以说是县地方政治，政府凭什么生存？是人民。政府既靠人民生存，就应为人民服务，担负人民教养的责任。……要知道中国即使没有帝国主义外力的压迫，单有这样腐败的县政，也已一样的不得了。所谓物必自腐而后虫生，就是这个道理。

…………

救国之道，端在自力更生。……农村建设、县政改革是今日自救的基本要图。要把不成东西的县政，改造成一个东西，不成东西的一般县政人员、只知道催科听讼向人民收账的人物，改造成像一个东西的、为人民服务的行政官吏。如果这基础政治没有办法，中国将永远没有希望。

——《农民抗战与平教运动之溯源》
（1937年11月7—11日），1-535~536

县政建设实验工作……其主要精神在以县民总动员为基础，而以效率最高之县政府为中枢。由分而合，由散而整，由下而上，务使节节贯通，处处呼应，不能拆开，不能截断。……

全县人民之政治活动以公民服务团为基础。……培养民力，组织民力，运用民力，其效用全在于此。……

乡镇建设委员会者，实即所以代替地方自治组织中之乡镇执行机关所谓乡镇公所者也。

…………

乡镇公民大会行使下列五种职权：

选举乡镇建委会委员。

罢免乡镇建委会委员。

复决乡镇建委会之议案。

提出创制案于乡镇建委会。

议决乡镇建委会提出之预算及决算。

就此五种职权观之，可知乡镇建委会既受公民大会之限制，而不能滥用职权，同时公民服务团团员既又在公民大会之立场上节制建委会，然对于建委会之指挥监督仍不得不服从。两相调节，当可解决乡镇地方习见之纠纷。

——《定县实验区工作概略》（1935 年 10 月），1-394~396

省单位的设计。……省主席不是做官而是全省政治经济教育的总经理。……厅长都是有专门训练的人，在厅内是厅长，在训练机关内是教授。学生可以到省政府或各厅或各县政府去实习，这样的实习才是真正的有实际性的"实习"，才能养成有实际经验的人才。现在大学里学政治的，为什么不能到政府机关去实习？……不健全的片面的不切实际的传统教育和那些只会做官不会研究训练，不会开花结实的传统官僚政治，都应一律革除。要把行政、训练、学术三位一体地打成一片。

——《农民抗战与平教运动之溯源》
（1937 年 11 月 7—11 日），1-538~540

5. 整体性、系统性改造

一体化的乡村改造。生活是有机联系的。一点一滴的改良从长远的观点来看是没有用的。通过增产，农民可能增加一点收入，但是，这样做不能将他们从地主或腐败官员的压榨下解放出来。识字可以使我们掌握阅读和写作的工具，但是仅仅识字并不能防止他们死于霍乱。换句话说，生产、教育、卫生、土壤改良和自治，所有这些都是社会与政治改造这个一体化计划的组成部分，都是互相依存、互相关联的。

——《致 G. 斯沃普》（1949 年 2 月 2 日），3-728

不是零零碎碎，而是整个体系。

……乡村改造是一个完整的系统工程。……从事乡村工作者，在任何一个问题上动手去做，多少可以有些成就，有些帮助，可是经验告诉我们，零零碎碎去做，不但费时间，不经济，而且往往顾此失彼，效果也不能持久。……用有系统的方法来全面解决问题。不应只在每个具体的问题上零碎地做一点事，就希望能把整个问题全部解决了。

不是枝枝节节，而是统盘筹划。

……人的发展需要和社会发展的需要都是多方面的，并且彼此之间互相联系，满足了一方面的需要，只是解决问题的某一方面，只有使各方面的发展需要得到满足时才能得到均衡的发展。单方面的考虑和解决问题，即使某一方面成功了，但由于其他问题未解决，这种成功也是暂时的，势必要被未解决的问题破坏掉，或者形成畸形发展的新问题，阻滞社会进步。由于这些，我们必须注意在进行乡村四大建设工作时，既要使四大任务的工程连锁推进，又要特别注意把握住它们之间的环节，从立体网络结构的观点来统盘筹划。

——《乡村改造运动十大信条》(1988 年 4 月), 2-564~566

6. 平民是乡村改造的主体

农民——特别是青年农民——是乡村改造的主力。知识分子到民间去，不是包办代替，而是启发教育农民，激发调动他们的主人翁意识，培养他们自发自动的精神。

……"发现、发明、发扬"的"三发"原则始终是我们的基本思想。发现是指我们与劳苦大众朝夕相处中发现了蕴藏在他们身上的无穷伟力；发明是说我们发明了开发人矿、脑矿的平民教育与乡村改造的一整套理论与方法；发扬则是说我们整个的系统旨在发扬民力、发扬人格平等的精神。我们不是包打天下的英雄，我们不是解救众生的基督，我们只是广大平民的朋友，乡村改造的事业没有千百万劳苦大众的自觉参与，是一定不能成功的！

——《乡村改造运动十大信条》（1988 年 4 月），2-567~568

农村建设应该由农民自动起来建设，否则，仍是和过去一样，在某一时代，有某一位名高望重的人出来提倡一种运动，社会上也就风靡一时地随着动起来，等到时过境迁，当年的蓬勃热闹，也就消沉下去。为什么？因为运动的发动，不合人民的需要，不能在民众身上立基础，没有生根，自然不能生长，不能永存。

——《农村建设要义》（1938 年 4 月），2-37

今天有一个绝大的危险，那就是许多大人物的思想里……制订世界计划时的依据，只是他们主观认定的所谓人民的需要，实际上，他们根本没有认真探索人民究竟缺乏的是什么。一个强加于人民的计划，即使其出发点是为了人民的利益，也会由于满足不了其真正需要而宣告失败。即使从人民利益出发，强加于人也只会推迟和平的希望。倘若人民仍处于愚昧无知状态，根本弄不清需要什么，那就需要教育和引导，但绝不是强加于人。

——《告语人民》（1945年3月），2-571

为农民改良种子是一回事，而教会他们自己选种则是另一回事。给农民送药治病是一回事，而教育他们自己预防疾病却是另一码事。一种做法是救济，而另一种做法则是发扬，即发扬农民的潜伏力，使他们立足自己，与贫穷、疾病做斗争，并且战胜它们。

——《接受拉蒙·马可赛赛奖的答谢词》（1960年8月31日），2-380

我们从农民教育的试验中，认识了培养他们的知识力、生产力、保健力和团结力的必要，而这些力量，是从组织而来。要造成组织，唯有从组织的教育下手。教育是组织的基础。没有教育——没有组织教育，组织是不可能的，即使具组织的形式，那是凑合的而不是真正的、自动的、内发的组织。只有自动的组织才有力量。

……教育的原则，就是教育民众以组织的能力。

——《十年来的中国乡村建设》（1937 年），1-561~562

在人民学会管理自己的平民学校、现代化农场和他们的合作社、保健院之后，他们还要求管理自己的政府！还有什么比这更自然和更不可避免的吗？究竟政府是干什么的呢？它不就是一个为人民谋福利的机构吗？人民的福利包括什么？教育、生计和卫生健康。所以学会管理自己的教育、生计和卫生的人，就是有能力经管自己政府的人。人们谈论自治政府时，好像政府归政府，它与生活的其他部分毫无关系似的。依我看，自治政府是那些受过教育，有能力管理自己的社会和经济福利的人奋斗的必然结果。

看到人民在学习之后能够获得自治能力确实令人鼓舞。在人民有能力改造自己的生存环境时，要发起任何社会、经济或政治上的改造都有基础，原因是人民已经掌握这些事情。在进行基础训练和懂得基本纪律后，人们知道怎样同困难做斗争，在灾难面前他们不再表现得无能为力了，他们有了力量。这是一个民族和国家发展的道路。

——《告语人民》（1945 年 3 月），2-622、625

今日农村运动的主要目标，要特别注重在农村的青年男女。这些青年他不但可以为继往的好手，又可以为开来的良工。他们真可做救护中国的生力军，改造中国的挺进队。……以全国四万万人计算，中国的农村青年，至少当在八千万左右。从前项羽破秦兴楚，只仗八千子弟，中国今日如果集中精神只要把这八千万的农村青年改造过来，我想无论什么国难，都当得起，什么国耻，都雪得掉，一切建设，也才有了安定的地盘、巩固的根基。

——《农村运动的使命》（1934 年 10 月），1-295

还有一件很重要的事，那就是在这自然而有效的教育过程中能发现未来社区的领袖。……我们有一种训练他们的新技术。我们准备让他们做处于领导地位的农民——而不是农民的领袖……不要把他们培养成教师，因为照样会改变其方向。虽是导生，但仍是学生。在他们教别人时，自己也接受教育。

——《告语人民》（1945 年 3 月），2-607

乡村问题的解决，天然要靠乡村人为主力。……但是有了乡村人为解决问题的主力就够了吗？不够！单是乡村人解决不了乡村问题，因为乡村人对于问题只能直觉地感觉到，而对于问题的来源，他们不能了解认识……所以乡村问题的解决，第一固然要靠乡村人为主力；第二亦必须靠有知识，有眼光，有新方法、新技术（这些都是乡村人所没有的）的人与他们合起来，方能解决问题。近十年来知识界"到民间去"呼声的远振，便根据着这种需要而来。

——《十年来的中国乡村建设》（1937 年），1-562

我们有为人民做事的老习惯。现在这个钟摆摆向了依靠人民做事情。……为人民做一些事情，这是救济。因而有些事情一定要依靠人民去办。但是，如果我们让这个钟摆摆得过了头，事事都要人民去办，办法要人民出，头儿要人民去带，那么就没有什么事情需要我们做了。我们到乡下来也就毫无意义了。因而这里有微妙的事情需要我们去认识、去做。中庸就是既不完全代替，又不完全依靠，而是一道去做。不要事事都替人民办，也不要事事都完全依靠人民自己去办。……我们强调不仅要向人民学习，而且要同人民一起设计，这就是一道的意思。这就是合作关系。这就是中庸。但是达到这一点，我们需要的更多的是艺术而不是科学。我们同人民一道来工作。"一道"掌握在什么程度，"依靠"掌握在什么程度？而其中最重要的目的是"一道"，是合作关系。我想，"一道"是我们应该努力达到的目标。

——《对国际乡村改造学院全体职员的讲话》
（1974 年 9 月 2 日），2-417~418

四、乡村建设人才的培养

1. 根本的问题是创造性的人才

为了领导和发展建设计划，根本性的问题，是要有创造性的人才。既有最高的技术资格能进行科学研究又熟悉中国现实生活的人，也是最适于培训县单位和全省乡村建设所需要的青年领袖人才的人。

乡村建设运动，既是能动的，又是基本的，既提供科学技术力量又提供胜任的人才，是能够满足今日中国之需要，而且能为明日的中国奠定基础的。

——《定县的乡村建设实验》（1934 年 7 月），1-284、285

中国号称有四万万人民，其实只有生物学上的四万万个自然人，哪里有国家社会学上的几个人民呢？所以要改造中国，莫说无人民，而且无领袖。任你有何种理想的主义、伟大的计划，都是行不通的。中国的古人说："穷则变，变则通。"可是中国今人的事情，正和古人说的话不对，"穷了还是不变，变了还是不通"。其所以"穷不变，变不通"的根本道理，就是因为没有真正的人才。所以有了改造民族生活的方法，还得要训练运用改造民族生活的方法的人才。

——《农村运动的使命》（1934 年 10 月），1-301

我国自鸦片战争以来，在近百年的期间，大凡经过一次国难，便起一次图强的运动，但是这些运动，随起随灭。当初起时，都是举国若狂，一致兴起，然而不久便渐渐消沉，毫无结果！这种失败的原因，便是提倡的虽有其人，可是实际从事的基本人才太少，没有真实的成绩表现，以致不能持久便即失败！农村建设运动，目前固是高唱入云，假如不注意训练实际的基本人才，空做一种无目标、无计划的运动，无有具体的成绩表现，不久也会渐渐地沉寂下去，一如以往的一切运动，不过是昙花一现！

——《农村建设育才院的捐启稿》（1936 年），1-476

定县实验完成了其三个重要功能：（1）作为社会与政治建设方面的研究人的社会实验室；（2）作为对学生和技术人员进行培训和实习的基地；（3）作为中国其他县的榜样和示范中心。

——《平民教育与中国的抗战与民族建设》
（1944 年 2 月 6 日），2-193

农建前途发展愈速……（愈）需培养大量的基本人才……更本以下两个主旨：（1）……培养行政上、技术上具有专门学识与实地经验之领袖人才；（2）……造就切合农村的各方面的一般人才，担任建设的工作。

——《农村建设育才院的捐启稿》（1936 年），1-477

培养领袖人才。组织教育把整个的民众生活团体化、纪律化，同时却培养出了真正的实际的领袖人才。……现在找天才的方法是用智慧测验，但某人的智慧测验，分数虽很高，同时也是自私自利的怪物，他只管自己，自己的事情做得很好，却不肯和人合作；自己虽聪明，却不能过一天的团体生活，更没有驾驭别人的能力。另外有一些人，在二三十人中，他的智慧并不很高，但他能做这二三十人的领袖，他有驾驭人的能力，这就是领袖了。所以真正的领袖，不一定是智慧高，而是具有多方面的能力的、有充分实际活动的人。

——《在第四次大周会上的讲话》(1935 年 11 月 18 日),1-423~424

平教同人把平教事业当作专业，而每每有许多社会事业都属于附带的性质，可有可无，随办随减，但平教工作则以为终身事业专门研究与推广。这也是有平教运动以来的特色。

——《平教运动的回顾》(1942 年), 2-180

2. 大学教育的改造

改造大学教育，这也是一贯的平教精神。我们认为中国的大学教育，都是从东洋西洋抄袭来的。不管中国社会究竟是什么背景，就依样画葫芦地什么院、什么系，开了一大套。结果，毕业的学生，东洋的西洋的诚然知道了不少，中国的呢？却一点也不知道。以后到社会上去做事，与未进大学的，无所分别，只多了一张文凭！这样做下去，不但空糟蹋了一班热血有志的青年，而且社会上永远得不到真才，事业不能改进，国家不会进步。所以大学教育的改造，是中国当前一个最严重最急迫的问题。然而怎样着手改造呢？首先非把教育打进实生活里去不可。

改造大学必须从自命为大学教授的改革起，请他们跑出教室，走进社会。如果自己不去求真理，怎么教人求真理？自己没有生命，拿什么去教人？

——《农民抗战与平教运动之溯源》
（1937年11月7—11日），1-537~538

农运人才当然须以大学校作来源。但要希望大学生下乡，必先改造大学教育，使大学生不要等大学毕了业，早已到了乡下受训练，人才的产量才能多。协进会（按：全名为"华北农村建设协进会"，由南开大学、清华大学、燕京大学、协和医学院组成）就是要大学生在学生时代生活即农民化，对农运工作即确具根底，毕业后可直接入农村服务。中国自有大学以来，一向是采用西洋材料，所以大学办了多少年，没有造成多少能为中国办事的人才。……现在有几个大学，他们有决心打破传统的大学教育，走上乡村建设这条路来，自然是我们所竭诚欢迎的，也可以说（是）中国大学教育史的新纪录，大学教育的一大革命。农村建设运动，是伟大的事业，必须以大学作基础方能稳固。大学教育，能走到乡建的路上来，比办几次识字运动、几个民众教育馆，其意义重要得不知若干倍……

——《对在定县工作同志的讲话》（1936 年 8 月 19 日），1-463

德国之所以能有今日，虽在他精强的兵力，但是，根本的原因，是在师范教育办得好。就是我国现在各处实验县的中心工作，也是在普及平民教育，造就干部人才；而干部人才，又多半是出自乡村师范的，因为乡村师范的学生都是有志改进乡村的。

——《"误教"与"无教"》（1936 年 10 月 17 日），1-469

3. 乡建人才的风格、精神与品质

我很真诚热烈地希望农村工作的同志们，要在我们彼此的言行上、生活上，先造成一种农村运动者的风格。工作是表现我们的生命，是实现我们的生活；我们的生命、我们的生活，就是为我们的工作。

——《农村运动的使命》（1934 年 10 月），1-304

据我的经验看，做事最重要的是在有深刻的认识，有了深刻的认识，然后才能下决心，百折不挠、赴汤蹈火地奋斗，开辟一个新的大道出来。有些人认为做事非有钱不可，一钱不名固然不能做事，但不一定要许多钱。有了钱反而做不起事来的也不少。远大的眼光、深刻的认识，是发展事业的要素。这种摸不着看不见的精神，如果不把握住，而太注重有形的东西，若是全国上下都是如此，乃是民族堕落快到末日的危象。

——《平教会的历史回顾与经验总结》（1938 年 9 月 16 日），2-84

您的一生教导我们，要超越自己和自己的日常生活，在自己短暂的一生中寻求一个更有意义的目标。

这个世界是否由于我们的存在而变得更好？

—— 邓兴（晏阳初的女婿）:《在追悼会上的讲话》（1990年1月20日）

我们的运动不仅仅是一场科学运动、一场社会运动、一场教育运动，而首先是一场道德运动。不管一个男人或女人在自己所专长的方面如何伟大，但是，如果他或她是一道德败坏的人，那么，这一运动对他或她毫无用处。同样一个人做生意时可能很成功，甚至能成为一个明智的政治家，但是，如果他缺乏高尚的道德情操，那么，他绝不可能成为一个成功的、有所作为的、强有力的乡村改造运动的骑士。

—— 《对危地马拉和菲律宾学员的讲话》（1965年1月20日），2-392

问：经历了长期的乡村改造，您获得的许多有价值的知识学问，能分享予我们吗？

答：……在过去的半个世纪里，从我们的成功和失败中，的确学到了许多。简单地说，没有比乡村改造运动的格言（能）更好地概括它们（的了）。

到人民中间去。……我们的工作对象是人，必须与人民特别是农民打交道。在少数受过教育的上层知识分子和成千上万没有受教育的平民之间，有一个很大的鸿沟，为了架起桥梁，我们必须到人民中间去。

生活在人民中间。为了真正知道农民，了解他们的"长处"和"短处"，你就不能像游客一样，走马观花；你必须进入他们的生活圈子里，成为他们的邻居。

向人民学习。……我们必须首先甘当和承认自己无知，放弃学术包袱和偏见，然后重新再学习。……在我们能够成为农民的优秀教师之前，首先必须是农民的优良学生。

与农民共同计划。很少专家理解并真正懂得，以参与者的角色和农民在一起讨论他们的需要和问题，并与他们一起制订可行的计划。这不是越俎代庖，而是参与者的伙伴。这是艺术高于科学的活动。

从其所知开始。绝大多数计划是从我们所知的开始，因为这样容易。要明白农民知道什么，不知什么，并从他们所知的开始，是需要很多的理解和洞察力的。农民虽是文盲，但他们是理智和务实的。他们不知道的事情我们应当了解。但是，我们都不知道。

在已有的基础上建设。……

不是维持而是创新。……我们教育并训练贫困愚昧的农民不单是为了过生活，而是重建生活，改造生活。不是救济而是自我解放。……

——《就"乡村改造"答记者问》（1979 年），2-470~472

人才上的条件。要有本国的学术根底，科学的知识技能，又要有创造的精神，吃苦耐劳的志愿与身体，还要有国家世界的眼光，因为研究实验的区域，虽只在一县一乡一村，其目的是为整个民族生活改造而研究。

——《农村运动的使命》（1934 年 10 月），1-299

我需要的人选是必须具备四个 C 的。

第一个 C 表示能力（competence），他必须在他自己的专业范围内能干。第二个 C 表示创造能力（creativity），许多现实中的农民问题不能是写在欧洲、美洲或亚洲的课本上，它们是新的富有挑战性的，除了他和她必备的专业知识之外，如果没有所谓的创造力，则将一事无成。第三个 C 表示毅力（commitment），这是一种很难的献身精神，要实现任何一项改善农民的目标，需要一个艰苦而漫长的过程，需要花费大量的血汗、泪水和个人生命代价，在任何时候都要坚持不懈。除非他强烈地信奉并全力以赴地献身，否则他和她就会善始而不能善终。第四个C表示的是个性(character)，这是不常谈到又非平常的因素。

……乡村改造仅仅是一个手段，而人的改造才是真正的目的。我们不给予农民我们自己都没有的东西，因此我们必须具备个性。……

在所有的困扰中，发现人才是最难的。这样的适当人选也极难得。雄鹰不像燕雀成群结队，唾手可得，但终究可以发现它们，尽管艰难而缓慢。

——《就"乡村改造"答记者问》(1979年)，2-468~469

育才院作育人才……每个人才都必须具有六个条件……

第一，劳动者的体力

（1）利用自然环境，爬山游泳；

（2）养成最低限度的卫生习惯；

（3）养成健康的思想；

（4）自力生产，以锻炼体魄。

第二，专门家的知能

（1）有一技之长；

（2）即学即作，即作即习；

（3）理论与行动打成一片。

第三，教育者的态度

（1）人人都是可造人才；

（2）学而不厌，诲人不倦；

（3）作之君，作之师。

第四，科学家的头脑

（1）对一切求真知；

（2）用科学的态度来解决一切问题。

第五，创造者的气魄

（1）不苟安，求进取；

（2）不享受，不畏难；

（3）敢作敢为，耐劳任怨。

第六，宗教家的精神

（1）有信仰，坚定不渝；

（2）临大难，处之泰然；

（3）重博爱，爱人如己；

（4）能牺牲，舍己为人。

——《本院六大教育目标》（1940 年），2-135~136

你们有没有听到过心理学家把一个人称作"结合的人"？有些人有智力，但是他的智力是分散的。有的人存在内部冲突，心理学家称之为怪癖。换句话说，这样的人不是完整的一体，他的人格是分裂的。"结合的人"是个相当了不起的人，他是和谐的，与邻人、同事和他自己和睦相处。这就是结合这个词的意思。

——《对国际乡村改造学院全体职员的讲话》
（1974 年 9 月 2 日），2-422

除去智力上的完善——对此我们已经虔诚地奉行了五十三年——我们一直很贫穷，的确如此，但是我们一直是自由的。我们决不妥协。……宁可为自由而坐牢，也不愿做任何组织、任何人甚至数百万元钱的奴隶。……这样，这些年我保持了学术上的自由和智力上的完善。这十分不容易，但是我们保持了我们的完善。

——《对国际乡村改造学院全体职员的讲话》
（1974 年 9 月 2 日），2-423~424

成立学生生活辅导委员会的主要作用，在于训练同学实行民主，而民主的特征是：第一是自由，第二是责任。光有自由而无责任是没有真正的自由的。读书或研究学术而得不到自由，也不会是真正的研究，研究了也得不出独特的、按照客观规律的丰硕成果。一个真正懂得民主的人，他应具备的一个基本条件，这个条件就是"养气"。"养气"的含义有三：

一是"阳气"，换言之，就是要具有坦白的心胸，有事当众大家商量，不要背后鼓噪。二为"大气"。所谓大气，就是有接受他人的批评，甚至数落、指责的度量；反之，就是"小气"。小气就不能容人，不能容人的人是办不成大事的。三就是"正气"。"内惟省以端操兮，求正气之所由。"有正气的人，只有是非的辨别，没有个人的恩怨或权势观念。

——《在乡建学院纪念周上的讲话》(1946年10月7日)，转引自姜旭升《语重心长，谆谆教诲——记晏院长三次训词》

对全院同学勉励有三：第一，光明磊落的气魄——不要有阴谋、鬼祟的行为；第二，是非曲直得分辨清楚——不要模棱两可，意气行事，尊重少数人的见解，服从大多数人的意见；第三，尊重对方的人格——敬人者人恒敬之。

> ——《在乡建学院纪念周上的讲话》（1947 年 3 月 31 日），
> 转引自姜旭升《语重心长，谆谆教诲——记晏院长三次训词》

损害生命无非是个人之死，但损害声誉则会危及社会。一次清白的失败优于一个卑鄙的胜利。

> ——转引自理查德·埃尔斯·大卫
> 《在晏阳初诞辰一百周年纪念会上的讲话》（1993 年 10 月 26 日）

平教运动有它的核心，能团结，有计划。这么多年经过多少政治风波、社会变革，而平教运动一丝一毫不受摇动，就是因为它的重心非常稳固，分子的团结，非常紧密，会中同志同道的人，无论怎样困难，始终是精神一贯。因为有核心，所以能应付一切困难。不过仅仅团结还是不够，团结不是成功的唯一要素，团结以后还要有目标，有策略，有手段。狡猾的政客，以邻为壑，不择手段，即使事成，被人唾骂；忠厚长者，悲天悯人，没有策略，只知鞠躬尽瘁，结果是死而后已，亦与当时无补。

> ——《平教会的历史回顾和经验总结》（1938 年 9 月 16 日），2-85

你们要达到事业的成功，就我个人的经验，有几点必须注意。

（1）忠 忠实的忠。……我曾经和你们说过，样样都可以打折扣，只有人格不能打折扣。人格的重要因素之一，就是这个"忠"字。至于如何忠，忠些什么？你们自然会闻一知十，举一反三的。

（2）恕 ……孔夫子实在了不得，"忠""恕"两个字，把人生哲学都包括完了。耶稣的"你怎样待人，人就怎样待你"，孔子的"己所不欲，勿施于人"也就是恕以待人之意。

做事的本身，也有两个字。一个是能"忍"，能"受气"的忍字。有些人很能吃苦，可是不能受气，"小不忍则乱大谋"。"忍"字的重要性要充分认识。我们从事于乡村建设，一定要做到这个"忍"字。……还有一个字，就是昨天卢作孚先生说的"恒"字。……恒就是不断地奋斗，奋斗到底，正如同将铁杵磨成针一样。怎样叫你们能够做到忠、恕、忍、恒？它背后的精神，它的推动力就是"志"字。有大志，非忠不行，非恕不行，非忍不行，非恒不行。大志是什么？就是将我们的生命贡献给国家。中华民族的力量在农村，你们要将解除苦力的"苦"，开发苦力的"力"，作你们的终生职志。……真正的富贵不淫，贫贱不移，威武不屈，也就是凭借"三军可夺帅也，匹夫不可夺志也"的那种志字。

——《关于忠恕忍恒精神的修养》（1942 年 7 月 10 日），2-161~162

"卧薪尝胆，舍我其谁"，（责任不容推诿）是我们平教运动的精神。

——《在周会上的讲话》（1931 年 12 月），1-182

要先抓住国家的命根，治着它的症结，培养它的元气，拿定主义，下大决心，干他几十年，乃至于我们一生的时间不够，望诸后人向着既定的目标，有前进，无后退，有牺牲，无顾虑，我想以中国这样长的历史，这样广的土地，这样大的民族，一定有她光明灿烂的前程！！！

——《农村运动的使命》（1934 年 10 月），1-296

要"死心塌地"地去做，为事业牺牲，不达目的不止。把自己认识的问题，用持久的精神去干，自己愿意为它干到死。……中国能认识问题的人很多，下决心的也有，但能死生以至一直做下去的，却不多见。有的知难而退；有的升官发财，中途变节，为富贵所淫。中国的一切不进步，以致临到了沦亡线，症结全在于此。

——《三桩基本建设》（1937 年 5 月），1-496~497

埋头而苦干，同时亦须昂首而长鸣。

——《在二十六年学年度第一届平教会行政会议上的讲话》
（1937 年 6 月 11 日），1-503

中国的社会太黑暗了，人们之所以承认和相信我们的成就，就是因为在黑暗中，小小的萤火虫闪烁的小光，也显得大了。

——《发扬传统，办好乡建育才院》（1942 年 3 月 9 日），2-154

4. 乡建人才的管理

每一运动由三个核心群体组成。（1）杰出的公民领袖……（2）在农业、合作社、公共卫生和乡村教育方面的专业人士……（3）献身于乡村改造的知识青年。这三组人如果分开，各行其是，则哪一组人也完成不了什么大业；如果三股力量凝集在一起，就对国家的社会基层的经济和社会发生其重大的作用。

——《就"乡村改造"答记者问》（1979 年），2-470

　　我比较容易得到第一流的人才，虽然人才难得，但还是可能找到的。和第一流人才在一起工作很不容易，因为他们有创造性，他们有自己的独立见解，对自己的观点考虑得多，对别人的意见考虑得少，他们坚持己见，拒绝别人的意见。……我可以说我的四分之一的时间花在协调人际关系上。你不知道，我们中的一些老成员是多么应该成熟起来，从而能和其他人一起工作和相处啊！……这就是"教育者的再教育"……还必须向他们灌输服务精神和自我牺牲精神，他们还必须学会"走下去"。

——《告语人民》（1945 年 3 月），2-628~630

开展我们这样的运动，是一种最富探索性和挑战性的工作。它不同于创办一所大学，在大学里几乎不存在协调和队伍中的合作，而且忠诚人民的精神也不如此重要；也不同于成立一个政府衙门机构。在政府部门，工作人员是下级，你如果是他们的上级，就可以发号施令，颐指气使，如果他们不遵守，可以采取纪律处分。

而 PRRM 是一个运动！……一个民间团体。在PRRM 中，我们需要人们尽最大的努力……他们必须生活在乡村，吃苦耐劳。他们必须与同事们一起以工作队伍的形式工作，为了取得工作效果，他们必须将自己的专业与别人的业务紧密配合起来。总而言之，他们必须忠诚于整个运动，对农民有全面的了解。……你看我们对此运动的参与者有多少要求；你看我们与政府部门或大学有多少的差异之处！

如果我们了解这些，那么我们就明白，为什么我们不能像政府领导对待下级那样对待我们的同事，让他们把自己看成上级官员。是的，我们的运动必须有纪律，否则那就一片混乱。但我们的经验告诉我们，在我们这样的运动中，纪律不能以官僚政治的方式，以简单的强迫指令和强行他们遵守的方法来产生。

也许，你会问在我们这样的团体中，如何在没有编制的情况下进行组织管理。同样，我的经验告诉我，对于知识渊博且自尊的专家，最有效的纪律管理办法不是强令遵守，而是参与，让他们参与管理方案或制定规则。……在做决定之前，每个人都有发表个人见解的权利与自由。但当决议一经做出后，在经过这样一个称为"集体智慧"和"集体贡献"的民主和成熟的过程，那么每个人毫不例外地均有责任、义务和纪律，必须服从决定。这就是说，当由"集体智慧"和"集体贡献"做出决定后，这个决定就具有远比上级施加的组织纪律条文更强大和更有效的集体力量，更具有组织纪律性。

我的以往经验告诉我，这是让人人发挥最大作用的极可靠和极有效的方法。其根本原因在于，决定是由所有人参与和制定的，所以每个人都感到自己有责任使该决定得以执行。

——《致 M.D. 阿曼多》（1962 年 11 月 15 日），3-761~762

技术人员与管理人员没有建立起真诚信赖的关系，责任往往在我们管理人员，不应归咎于技术人员！由此，我们发现，必须经常不断地考查我们自己，反求诸己为什么他们拒绝合作，是否因我们的工作态度或方法不适当造成了什么矛盾？……我们还发现，通过对我们的情绪和态度进行一番反省，非常有助于我们与他们每一个人进行私人交谈。我们之间可以像亲兄弟般地袒露胸怀，肝胆相照，消除隔阂，互相寻求一种如何才能更好地在一起融洽地工作的方式。……

　　我的经验还告诉我，职员犯错误虽是一件坏事，但领导人犯错误则更糟。因为后者将影响整个运动。这就是为什么我常说的，我们这些运动的负责人必须保持警惕，以防止我们自身的缺点成为运动顺利进行的绊脚石，或泄滞了我们同事们的士气。

　　　　　　——《致 M.D. 阿曼多》（1962 年 11 月 15 日），3-758

　　一个组织的领导如果不乐于献身，将是这个组织的不幸。

　　　　　　　　　　——转引自理查德·埃尔斯·大卫
　　《在晏阳初诞辰一百周年纪念会上的讲话》（1993 年 10 月 26 日）

我必须承认你所提到的每一个人……他们都是两方面的。我了解他们的缺点，但我也了解他们的长处……我一直试图抱有好感、理解的态度帮助他们逐渐克服缺点，而且不让其缺点有表现的机会，另一方面我力图给他们发挥其长处的一切机会，（使）我的这些同事们能对运动的进步做出他们力所能及的最大贡献。

我们作为领导，必须学会发现别人的长处，发挥他们的优点。

——《致 M.D. 阿曼多》（1962 年 11 月 15 日），3-760

五、除天下文盲，做世界新民

1. 世界眼光：中国与世界

中国之平民教育运动，不仅关系本国，而且影响世界。

——《关于平民教育精神的讲话》(1926 年 11 月 30 日)，1-89

我中华统四万万众多的人民，领四百二十七万英方里广大的土地，承五千余年文化丰富的历史，处今日交通便利关系密接的世界，凡我国家的举措设施，社会的风习好尚，人民的行为思想，一举一动，莫不影响世界全局的安危。故今日关于我中华的问题，不仅是亚洲局部民族的问题，而且是世界人类利害相关、安危与共的问题，凡具世界眼光的人，并曾对此加过一番深彻的考究的，当能十分地觉察。

——《平民教育的宗旨目的和最后的使命》（1927年），1–114

平民教育最后的使命。人类文化的进步，无论属于任何民族的文化，都有同一的进程：即它的关系，由狭而广，渐渐地扩充到全世界；人的关系，由少而多，渐渐地普及到全人类。二十世纪的新文化的趋势，正向着全世界全人类的大门进展。故各国文化的进步，在国家范围内，必为民众化；在世界范围内，必须全人化。……中西旧文化的中心关系，大都限于少数人的阶级的贵族的范围。即十九世纪以来，欧美政治上流行的民众主义，也不过只有程度的差别。以二十世纪新趋势的文化眼光去从新估价，无论中西文化，其价值都要发生变动，大起兴革，故当今日全世界新旧文化过渡的时期，我中华四万万众多的人民，承五千余年文化丰富的历史，正当努力发挥新光彩，以贡献于全世界。吾辈所以从事于民众教育的事业，就先从根本上垫高我民族的程度，然后本吾辈毕生的经验，全副的心血，合四万万同胞的聪明才力，对于二十世纪的新文化，尽我民族占全人类四分之一的责任。这是平民教育最后的使命，即我同人共矢不渝的精神。

——《平民教育的宗旨目的和最后的使命》（1927年），1-118~119

中国人民是世界上最勤劳的人民，是世界伟大文化之一的继承人。中国的问题，是如何使民族古老文化与西方的优秀文化相结合，建立一个民主的国家。

（中国）在迅速进行的工业化过程中，存在着一个危险，那就是政府将会忽视中国"被遗忘的人"。正像日本和其他国家的历史所证明的那样，只进行工业化建设，而不同时进行社会改造，最终可能成为中国和世界的祸患。

如果中国像日本那样以错误的方式进行工业化建设，那么它将变成世界上最大的工资低微的工厂，并且最终会威胁到世界和平。但是，如果中国按照能鼓舞人民群众的方式实现工业化，那么这个国家将变成改良世界的重要力量。

——《中国平民教育运动的总结》（1945年），2-204~205

　　中国正经历着一个真正的文艺复兴时代，它不仅属于知识分子，而且也属于人民大众。这是广大民众新生活的起点，是东方新文明的黎明。

——《中国的新民》（1929 年），1-168

　　我们的目的如下：

　　……保持和发展中国社会民主哲学的宝贵财产，引进和实行西方政治民主思想的精华，以此奠定现代民主中国的基础。

　　……通过赋予孔子光照千秋的思想"四海之内皆兄弟"，以新的内容和精神，培养"公民"意识，确立国家独立意识，发展具有全球意识的中国。

——《致 M. 菲尔德》（1945 年 4 月 28 日），3-636

2. 全球责任感：铸造"世界新民"

　　大约在三千年以前，我们的一位圣人讲："民为邦本，本固邦宁。"我把这个道理应用于世界也是合适的。民为世界之本，本固则世界安宁。

——《抗日战争以来的平民教育》（1948 年 4 月 14 日），2-337

平教会的"平"字，在国内就是人格平等，平社会之不平，然后国家才能太平；在国际，就是民族平等，整个人类世界和平。我这次代表平教会出国演讲，是超国界的文化活动，所以不仅代表中国民族的立场，还代表平教会治国平天下之立场，联合英美爱好和平的民众，维持世界的和平。

——《关于校风诸问题》(1942年3月8日)，2-149

现在，世界上还有四分之三的人处在终日不得温饱，无法享受教育的状态之中。这就意味着，这个世界四分之三的基础还不健全，而只要这种情形继续下去，我们就不能建立一个健康、幸福的世界。……此刻的主要任务必定是发动起那受过教育的四分之一人去改变那另外四分之三的人被"埋没"的状况。当然，这不是要降低那四分之一人的问题，而是要提高那四分之三人的问题。

这种情形向我们提出了一个严峻的挑战，同时，也提供了一个极大的机会。为什么呢？因为这种世界上四分之三的人口还没有受过任何正规教育的情形，可以说是呈现在我们面前的一张白纸，在这上面我们可以去写最新的篇章，去创造一个不同的世界。

我们常说"世界大家庭"，那么，我们究竟打算怎样使这个世界成为一个"世界大家庭"呢？在教育人们重新建设他们的个人生活时，我们的全部教育必须灌以和平的思想，只有和平的世界，才能让人们更健康、更快活地生活，我们不应该把和平教育视为一个孤立的计划，而要把它视为整个重建生活规划中的一个组成部分。……这项工作应该在世界范围内进行而不只是在某一时、某一地进行。这样，就会产生一种世界意识和一种全球的责任感。

　　——《平民教育与世界和平》(1944 年 11 月 21 日)，2-197~198

我们都想要有个更美好的世界，但其确切的含义是什么？世界上最有价值的是什么？是金银吗？不是！世界上最有价值的是人民。因此，所谓更美好的世界的真正含义即我们想要有更好的人民。

愚、贫、弱、私绝不是中国独具的特色。南美、非洲、印度和许多东南亚的国家都存在着类似的情况。

事实上，世界上有四分之三的人口处于愚昧、营养不良、住宅简陋、疾病缠身的境地。其生存条件，远远低于人类应具备的最低生活标准。

人民是国家的基础，也是世界的基础。若这个基础强大稳固，人类便幸运地享受安宁，但如像现在这样，四分之三的人口是孱弱的，即使全世界的男女一再疾呼"和平，和平"，也不会有和平。

不论何种种族肤色，或何种信仰，全人类都有权享受起码的教育、生活条件、健康保健和自治。人类的基本生活水平是普遍相同的。因此，在一个国家研究的基本原则和方法，也可以应用于其他具有类似基本问题的国家，在最近二十年之中，中国平民教育运动所研究的经验和技术是普遍适用的。

如果我们想使世界的基础——人民——强大稳固，我们就必须同人类四分之三人口共同面临的愚、贫、弱、私进行斗争。但是，一个国家孤立地去解决这些共同的基本问题是很困难的，只有整个世界共同合作，才能完成这项工作。

——《中国与世界和平》(1945 年 1 月 13 日)，2-200~203

免于愚昧的自由，就是取得教育的平等。取得教育的平等，才是国际的真民主，人类的真解放。

——《为和平而教育世界》（1947 年 5 月），2-312

人们越来越意识到发展"全人类"的紧迫性和重要性。

——《接受拉蒙·马可赛赛奖的答谢词》(1960 年 8 月 31 日),2-381

"富有"的人民和"富有"的国家必须认识到，只有当"贫穷"的人民和"贫穷"的国家满足了，你们才是安全的。你把这叫作明智的自身利益也可以。的确，明智的国家主义就是国际主义。在其他国家不妒忌你时，你的国家才有安全；在周围没有饥民的时候，你才能保住自己的面包。我认为，建立集体安全和集体繁荣的计划和理想才是现在唯一正确的。今天，没有单独一国的安全，就连单独一国的健康也不可能，因为别国的疾病和病菌也会传播过去的。

——《告语人民》（1945 年 3 月），2-637

必须认识到，我们不能以民族和国家为单位，要确实认识到人民的国际性。应以全世界为一个单位。……
中国有"天下一家"的说法，当人民有了世界意识后，
他们就会认识到自己绝不是一个与世隔绝的单位，而
是世界整体的一部分。

——《告语人民》(1945 年 3 月)，2-579、581

3. 国际乡村改造运动

为了迎接二十世纪对我们的挑战和满足国际平民
教育运动发展的需要，应立即建立一所国际乡村改造
学院。该学院将具下列作用：

1. 以平民教育和乡村改造的基本原理及实践经验
为内容，培训那些来自不发达国家的青年，使他们能
够从精神上和技能上承担起在自己的国家里开展乡村
改造运动的任务，发动他们国内尚未开发的民众，使
之成为"自然的主人"。

2. 集合那些有全球观念、有创造性和献身精神的
科学家、学者作为教师，组成一个教育核心。他们不
仅要具有知识和技能，而且要能培养学生们积极参加社

会活动的精神和培养学生们的十字军精神及仁爱之心。

3. 应邀协助那些不发达国家组织其本地的民间的乡村改造促进会，推广乡村改造计划。

4. 在国家、地区和国际范围内，进行实地研究与实验工作，以为不断地改进和发展乡村建设的理论与实践提供基本材料，并作为情报信息的集散地。

5. 作为国际乡村改造运动的领导中心。

——《创立国际乡村改造学院的计划大纲》
（1958 年 12 月 2 日），2-373~374

菲律宾乡村改造运动的方法与其他不发达国家大不相同：

1. 该运动不是外国的而是本国的。

（1）它是菲律宾人自己领导和发动的，从而促进和发展了本国的领导能力；

（2）它以社会和政治改革为基础，这是外国机构无法办到的……

（3）它形成一种社会意识，把狭隘的国家主义引导到建设性的轨道；

（4）它高度吸引了人民的力量，因为它是人民自己的运动；

（5）它发展了自力更生的精神，即地方自给自治，而非依靠外援；

（6）它不是建立在与本国文化不一致的外国乡建运动的方法上；

（7）它没有打乱农村的社会结构，也不与地方的宗教信仰相冲突。

2.该运动不是政府的而是公民的。

（1）它既不受政治和地方的影响，也不受美国或英国的影响；

（2）它不受官僚政治的影响；

（3）它可以实验和创新；

（4）它激发了个人积极性并促进了民主。

3.该运动不是救济而是发掘。……

4.该运动不是零碎的，而是完整的。……

5.该运动不是自上而下的，而是自下而上的。……

6.该运动不仅是技术的而且是思想的。……

7.该运动不仅受到了国家的重视，而且受到国际社会的重视。

　　它发展了人民对国家的忠诚，乃至对世界的忠诚。它信奉：人类有着兄弟般的情谊——即"四海之内皆兄弟"。

——《复 J.W. 莱斯利》（1959 年 2 月 11 日），3-742~743

　　在最后一次演说中他说："我愿我毕生的工作——乡村改造——成为我的遗产，通过不懈的奋斗，提高被蹂躏的贫穷的第三世界农民的地位和生活，达到与那些具有特权的人们同样的水平。"

——理查德·埃尔斯·大卫：
《在晏阳初诞辰一百周年纪念会上的讲话》（1993 年 10 月 26 日）

文本选读

乡村改造运动十大信条

（选自《晏阳初全集》第 2 卷）

——在 IIRR 国际乡村改造研讨会上的讲话

（1988 年 4 月）

同胞们，欢迎你们从祖国来到设在菲律宾的 IIRR——国际乡村改造学院，参加国际乡村改造研讨会。IIRR 是一个国际性的民间组织，面向发展中国家，以训练、研究、推广乡村改造的知识、技能、方法、经验、理论为己任。你们是来自共产党领导下的社会主义国家的代表，在 IIRR 的历史上与社会主义国家的专家学者共同探讨乡村改造的理论与实践，这是第一次。有 10 亿人民的国家派出代表团与一个民间组织共同探讨问题，这表明了中国领导人的气度与魄力，也反映了中国政府执行开放政策的决心。

1985 年与 1987 年我曾两度应全国人民代表大会副

委员长周谷城先生的邀请回祖国访问。会见了邓颖超、万里、周谷城等各位领导人以及许多老朋友，并在北京、定县、成都等地参观访问。百闻不如一见，我亲眼看到祖国取得了了不得的成功，亲身体会到邓小平等先生固本工作的伟大成就。此行使我对祖国的前途产生了无限的希望，我真诚地希望能对新中国的建设力尽绵薄，做一点贡献。今天，我请你们来到 IIRR，相互交流乡村改造的经验，共同探讨乡村改造的理论，以促进乡村改造的工作。今后我们还要争取更多的机会到中国去学习，尽可能地吸收有益的营养，来充实我们的国际乡村改造工作。

国际乡村改造运动，溯其历史，源于第一次世界大战时期法国战区的华工教育，后来演变为中国的平民教育运动，成熟于定县实验时期。从 20 世纪 50 年代起，以中国定县实验的基本理论为基础的乡村改造运动，在第三世界发展中国家推广开来。经过四十多年的努力，我们的平民教育与乡村改造实践与理论又有了很大的发展。IIRR 出版的期刊与书籍中都有详尽的介绍。今天我向诸位介绍一下"乡村改造运动的十大信条"，这是我们集七十年工作经验的总结，也可以说是我们事业成功的十个基本条件。

一、深入民间

先圣先贤留给我们的古训中有一条叫作"民为邦本，本固邦宁"。人民是国家的根本，本不固则邦不宁。这虽是几千年前的老话，但它却是历千年而不朽的真理。人民是国家的根本，要建国，先要建民；要强国，先要强民；要富国，先要富民。世界上无论任何国家，都是一样，从来没有哪一个国家，是国势强大而人民衰弱与人民贫困。过去的中国，号称有四万万之众，但是其中 90% 以上的人是贫民、愚民、病民。这样的国家怎么能强？怎么能富？以前，英国殖民主义者把中国人叫作"苦力"，我国的农民历来过着最苦的生活，是真正的苦力。在这数以万万计的劳苦大众中，有多少勤劳朴实的一般群众，同时也一定有无数英雄志士，有许许多多的大发明家、大科学家、大文学家、大思想家、大政治家、大实业家。但是由于政治的腐败，社会环境的不良，经济的贫困落后，中国宝贵的人力资源没有得到发掘，不知埋没了多少杰出的人才。鸦片战争之后，列强把我们的国家一块块地瓜分了，中国变成了殖民地。为什么能成为这个样子，就因为我们丢了本，没有从根本上去重视建民、强民、富民的工作，本不固，国家自然不会强盛。过去几十年间，我们在中国倡导平民教育运动与乡村建设运动，其用意就是在固本上着力，以图祖国的繁荣富强。有了这样一条根本的信念，几十年我们坚持不懈地躬身实践，艰苦奋斗，深入民间，认识问题，研究问题。

在中国，历来有"万般皆下品，唯有读书高"的传统观念，由于这种封建意识的影响，于是乎产生了许多书生、书呆、书奴，养成了一个士大夫阶层。"学而优则仕"，更有人飞黄腾达，青云直上，当官做老爷。这些人往往误国戕民。在中国历史上，有两种瞎子，两种盲人。一种是生活在社会底层的不识字无知无识的瞎子，叫"文盲"；一种是虽有知有识，但处在社会的上层，远离劳苦大众，不了解广大人民的疾苦，更看不到人民身上的潜在力量，这种人也是瞎子，我称之为"民盲"。近代以来，中国的许多读书人，跑到欧美去留学，染习西化，回国后俨然一个"西洋人"了，吃的穿的，一切的一切，都西洋化了。与中国的劳苦大众、平民、农民、苦力，根本就没关系了。还有一些读书人，相信文章救国、文章建国，而看不到劳苦大众中蕴藏着无穷的伟力。以上这些人都应归之于"民盲"之列。"民为邦本"，"民为贵"，恰恰是我们中国的古训，而我们的读书人又偏偏忘记了祖宗的遗教。

我个人由于特殊的经历，第一次世界大战时期在欧洲战场与华工朝夕相处，有机会了解到"苦力"之苦，同时也发现"苦力"之力。于是下定决心今生今世要献身于劳苦大众的解放事业。回国后，渐渐有许多朋友和我合作，投身于平民教育与乡村改造的工作。我们这一批同志朋友，有分别留学于德国、法国、美国、日本的博士硕士，也有毕业于国内各大学的专门人才。有学经济、政治、教育、农业、卫生、社会等学科的。当时他们学成归来，满腔热忱企图报效祖国，但是英雄无用武之地，报国无门，政府腐败透顶，人民穷困已极，深感失望。当他们看到平民教育促进会在全国范围内开展大规模的识字运动，深受鼓舞，感到有实现报国之志的机会了。当平民教育运动转向农村，演变成一种更为深刻的治本建国的乡村改造运动时，他们舍弃了大学校长、教授的工作，有的还放弃了当官升迁的机会，大家从象牙塔跑到泥巴墙，从大都市来到穷乡僻壤。我们回到乡村，来到中国的基本群众农民父老兄弟姐妹中间，以图了解人民，探索救国的方略与道路。

二、与平民共同生活，向平民诚心学习

深入民间的目的是为了认识问题，研究问题，协助人民大众解决问题。为达到这目的，就要彻底地放下知识分子的架子，虚心地向农民学习，向人民群众学习。要当人民的先生，首先要做人民的学生。要化农民，必先农民化。我们来到定县，住的是与农民一样的房，吃的是与农民一样的饭，我们提醒自己绝不自筑壁垒，与农民隔绝起来，搞成一个"小北京"式的小圈子。我们要彻底地与农民打成一片，甘当他们

的小学生。起先农民对我们怀有很大的戒备，以为我们是政府派来收捐、征兵、拉夫的。后来看到我们真心诚意地为他们办事，才消除了疑虑。

中国的知识分子在和农民、平民结合的时候，要从根本上破除"上智下愚"的传统封建观念。把自己看成上等人，而把农民、平民看成下等人，这是大错特错。1776年美国的《独立宣言》，1789年法国的《人权宣言》都表明了"人人生而平等"的思想。1948年联合国大会通过了《世界人权宣言》，进一步发挥了这一基本思想。它和中国的封建思想是根本不同的。受过现代教育洗礼的知识分子首先应当具备民主自由的先进意识。对待中国的平民百姓特别是占人口总数85%的农民，我们要从心底把他们看作与我们一样的平等人，看作我们的同胞，是自己的兄弟姐妹。几千年来的封建统治，使他们祖祖辈辈受苦受难，不能摆脱愚昧无知的状态。这不是他们的过错，他们不是不可教，而是"无教"。他们并不缺乏才智，缺少的是机会。他们受尽千辛万苦，有其独有的不朽经验，只要给他们以机会，他们的聪明才智总有一天会爆发出来的。

我曾说世间最宝贵的财富是人，世界最宝贵的矿藏是"脑矿"，最大的"脑矿"在中国，中国的平民、农民蕴藏着无穷的伟力。我们搞平民教育与乡村改造，就是在开发"脑矿"，开发民力。而从事这一工作首先要求我们扫除自己头脑中的封建意识，树立一个平等的思想。所谓平民教育，其"平民"二字中的"平"，并非只"平凡"一义，其中还含有"平等"的意思。首先是人格平等，其次是机会平等。当真正实现平等的时候，天下才能"太平"。如果世界上三分之二的人总在贫困和不满中生活，世界能够实现和平吗？

七十年来，我们初衷未改，坚持生活在劳苦大众中间，前三十年在中国，后四十年在第三世界发展中国家，为了推动乡村改造，我们必须虚心向农民学习，向农民求教。不这样做，我们在农村就不可能站得住脚，更不可能有所作为。你高高在上，视自己与农民为异类，你就不可能抓住他们的心弦，就不会得到他们的信任与尊重，就不可能推行你的主张。这好像医生为病人看病，要达到治病救人的目的，你就要问病情，检查身体，这就是向病人学习。你还要有一个严肃、诚恳、热情的态度，否则病人就不跟你合作。积几十年经验，我们深深认识到，要想使自己的乡村改造事业取得成功，非要和农民打成一片不可，非要向农民学习不可。

三、共同计划，共同工作

六十年前我们在中国选择了定县，最近几十年，我们又选择了菲律宾、泰国、印度、危地马拉、哥伦比亚、加纳等国的一些乡村作为我们推动乡村改造的基地。自然科学的研究需要实验室，社会科学的实验也需要实验室，但这实验室不是在屋子里，不是在图书馆，而要在社会实践中，在农村里。上述这些基地，就是我们乡村改造的社会实验室。从事这一实验的主力应当是平民自己，他们是社会改革的主力。因此，不是说我们一切都知道了，指示人家应该怎么去做。平民是我们的伙伴，首先要对他们做启发、教育、宣传的工作，让他们树立主人翁意识与从事改革的主动精神。一切计划、方案及方法，都要与他们共同商量研究，要使我们所掌握的科学道理与方法，与他们的实践经验及具体情况相结合。要做到因时制宜、因地制宜、因人制宜。不能固执己见，不能以为我们有知识，是大学士、大博士，就什么都懂得，一切都正确。应当承认，有好多东西我们不懂，或没有真懂，反倒是农村的百姓具有真知灼见。有些时候，我们的主张尽管正确，也需设法使它变成平民大众自己的主张。这往往需要耐心，需要说服等待。我们切不可操之过急，一厢情愿，简单从事，包打天下。社会改造事业，没有千百万觉悟了的劳苦大众积极参加，是一定不会奏效的，是注定要失败的。

四、从他们所知开始，用他们已有来改造

整个乡村改造工作的目的是发扬平民的潜伏力，要他们运用自身的力量去改造自己的生活。推行平民教育运动本身不是我们的最终目的，它是发扬平民潜力的一种利器。因此，平民教育，并不能代表我们工作的全部内涵，在某种意义上讲，平民教育与乡村改造，都是发扬平民潜伏力的方法。过去我们说中国农

民的问题是愚、穷、弱、私，现在，我们认为不发达国家农民所存在的问题仍然是愚、穷、弱、私。我们就是要从教育的立场出发，用教育的方法来医治这四大病症。用文艺教育攻愚，发扬知识力；用生计教育攻穷，治穷，开发生产力；用卫生教育防病治病，培养健康力；用公民教育攻私，发扬团结力。我们过去的口号是"除文盲，做新民"；现在发展为"除天下文盲，做世界新民"。时代的发展，更加证明"新民"应当是知识力、生产力、健康力、团结力"四力"兼备的人。所以今天我们 IIRR 的工作重点仍然是 LIVELI-HOOD(生计)、EDUCATION(教育)、HEALTH(健康)与 SELFGOVERNMENT(自治)四大改造连环进行。

发扬民力，开发民力，改造生活，是一个巨大的工程，需要付出巨大的努力。但是千头万绪从何开始？我们认为要从平民最迫切的问题入手，从他们所知道并能理解的地方开始，在他们现有的基础上来进行改造。这就要求我们的乡村改造工作人员将复杂而高深的科学知识简单化，用中国话来说要深入浅出。只有将农业科学技术简单化、经济化、实际化，才能达到民众化，否则农民接受不了，用不上，一切都将成为空谈。做到这一点并不是轻而易举的事。但是，我们必须努力这样去做，它关系到我们工作的成败。教育与改造，固然是一神圣而伟大的事业，但必须从基础上做起，万丈高楼平地起。必须从大处着眼，从小处着手，脚踏实地，集腋成裘。

五、以表证来教习，从实干来学习

早在定县实验时期确定的以训练做准备，以表证为方法的实施制度，近四十年来又为亚洲、非洲、拉丁美洲一些国家所仿效。实践证明这种制度有效地推动了农业科学深入民间。对农民进行生计教育，是为了有效地发展他们的生产力，改善他们的生活。生计教育的成效如何，关系到农民投入乡村改造的热情，这对整个改造运动的成败关系重大。如何推行生计教育，在中外教育史上无前例可循。采用传统的学校式的正规教育方法是不可行的。在定县实验中我们创造了表证农家的办法。这一办法强调在实践中学习的原则。一般的做法是由下列过程组成：设立生计巡回训练学校，有计划地到各社区进行农业技术教育与实际指导。目前 IIRR 还施行一种来校做为期一周的短期培训的办法。这些培训指导常以单项农业技术为内容。受训人员为农民领袖与生产能手。在生计培训的基础上，挑选成绩好并热心农业技术改革的农户，作为表证农家。以此作为当地农业推广的中心与农业经济建设的枢纽，通过他们的实地操作、实际成果与现身说法，向其他农民做表演示范。这样就把课堂搬到了农田，变书本教学为实干学习。举凡理想之宣示、技术之传授、试验之证实、推广之实施，都可从表证教习来完成。推而广之，表证教习，也适用于教育、卫生、自治各项事业。

六、不是装饰陈列，而是示范模型

平民教育与乡村改造所进行的一切，不是为了装饰陈列，专门拿来供人参观的，而是为了在农民实际生活中发生效应的。我们在定县搞平民教育与乡村改造实验时，一时吸引了国内外各界人士前来参观。国内来的包括从事乡村教育、乡村自治、乡村建设以及有关的高等学校、经济团体、文化团体的有关人士与政府官员。其中国内国际著名人士如周作人、黄绍竑、甘乃光、梁漱溟、黄炎培、江问渔、任鸿隽、蒋廷黼、斯诺、孟禄、Mr.Gunn等亦先后来定县考察。很多人对定县实验给予充分的肯定，也有些人提出这样那样的批评。其中有些人对定县乡村改造的市政设施感到失望，认为没有平坦的马路与像样的建筑。其实，我们向来不主张做表面文章，我们作为一个私人学术机构，多年来一直靠募捐得来的资金维持事业，从来舍不得乱花一文钱。我们要扎扎实实搞实验，注重实绩，企图为各地各国提供一个示范的模型，这个模型是看得亲切，学得容易，富有实效。我们没有忘记，自己的事业是为广大贫困地区的劳苦大众服务。如果我们提供的模式是一种中看不中用的东西，那就失去了乡村改造的意义。

七、不是零零碎碎，而是整个体系

过去我们强调文艺、生计、健康、公民四大教育连锁进行，现在我们强调教育、生产、健康、自治四大任务连环配合，同时并举，基本思想是一样的。IIRR 的院标就是四个圆圈连环并置，标志着四大任务联环进行。这代表了我们多年从事乡村改造事业的一个基本认识，即乡村改造是一个完整的系统工程。

我们都知道，农民的生活水平太低，问题错综复杂，改造工作刻不容缓。我们也知道，从事乡村工作者，在任何一个问题上动手去做，多少可以有些成就，有些帮助。可是经验告诉我们，零零碎碎去做，不但费时间，不经济，而且往往顾此失彼，效果也不能持久。所以我们帮助全世界的农民，去发挥他们的知识力、生产力、健康力和团结力，不仅要深切了解这四大任务相互配合的关系，更应对每一个问题都有彻底的认识，用有系统的方法来全面解决问题。不应只在每个具体的问题上零碎地去做一点事，就希望能把整个问题全部解决了。

为了说明这一信条，我们用保健工作来做例子。我们在定县，发现农民的卫生需要是多方面的。他们需要环境卫生、防疫注射、节育方法、医药治疗设备、家庭营养和婴儿保健知识。我们下了几年功夫，建立了一个有效果、农民经济能力可以负担的农村保健制度。由受过基本医药训练的保健员（每村一人，平民学校毕业生担任），负责推动乡村下层卫生工作。他们经常和区保健所（有医师、助理员、护士）保持联络，继续接受训练，并将病情比较严重的农民送到区保健所去治疗。最后有县保健院，这是县保健制度的最高机构，有完善的医药设备及可收住50人的病房。具保健院并负责主持训练各级卫生工作人员及助产妇。这个保健系统，可以用很低的代价，全部满足了定县40万人的卫生需要。这样，我们解决了的是卫生保健的整个体系。

八、不是枝枝节节，而是统盘筹划

社会既然是一个有机联系的整体，乡村改造是一个系统工程，这就需要在进行这项工程的过程中统盘筹划。四大任务既可以看成具有并列关系的小系统，又可以看成相互间有一定因果或逻辑联系的立体网络，因此解决乡村社会的问题既要注意四大任务进行过程的联系性，又要照顾到它们之间的必要逻辑联系。比如乡村最迫切的问题是贫穷，为了提高人们的生活，自然首先会想到发展生产。但是，如果不同时筹划教育，不努力提高人们的科学文化知识水平与生产技能，不加强人们道德观念和社会思想认识方面的工作，不提高人民的民主意识与自治能力，不注意提高人民身体素质，不加强卫生健康教育工作，只单纯抓生计，抓生活方式，抓眼前的枝节的致富而不知致富道理、道路、技能，以及目的与各方面的保障，不注意巩固与提高的措施，是行不通的。且不说生产搞不上去，即使搞上去了，也不能使社会和个人得到均衡的巩固持久的发展。人的发展需要和社会发展的需要都是多方面的，并且彼此之间互相联系，满足了一方面的需要，只是解决问题的某一方面，只有使各方面的发展需要都得到满足时才能得到均衡的发展。单方面地考虑和解决问题，即使某一方面成功了，但由于其他问题未解决，这种成功也是暂时的，势必要被未解决的问题破坏掉，或者形成畸形发展的新问题，阻滞社会进步。由于这些，我们必须注意在进行乡村四大建设工作时，既要使四大任务的工程连锁推进，又要特别注意把握住它们之间的环节,从立体网络结构的观点来统盘筹划。70年来,我们搞的既是一项旨在解除劳苦大众贫困、愚昧的一项大的系统工程，又是一面基于这项工程成就之上的发展与建设性工作。我们乡村改造的目的不单是使人们摆脱困境，而主要的是在摆脱困境的过程中真正开发出个人和社会的发展与创造能力，通过自己的能力和社会的生命机制，开拓新世界前景，使个人和社会都得到良好的全面发展。我们不希望人们单纯地从教育或其他的立场看待我们的事业，教育只是我们事业中的一个主要环节，不是我们事业的全部。这点请诸位注意!

九、不迁就社会，应改造社会

乡村改造既是一种社会改造运动，就意味着要对自然的、社会的、历史的、现实的种种问题采取革命的措施，弃旧图新，走向光明。我们肩负的使命要求我们应当永远迎着困难上,向困难挑战,最终战而胜之。

因循守旧，得过且过，就会故步自封。你常会听到有人说：社会是如此恶劣，看不到一点希望，将就凑合吧，能维持现状就不错了。——这是一种悲观的论调。我们当今处在人类社会的一个大变动时代，改革是时代的潮流，要创造一个新社会，自己就必须与时俱进。要有旺盛的斗志，时时刻刻准备应付各种困难与挑战。IIRR 的同志们意识到自己任重而道远，因此我们提出要坚持自己的特有精神：1.自由与独立的精神；2.所向无敌，不惧怕任何困难的精神；3.奉献精神。

过去在中国，我们曾受到军阀的威胁利诱，受到地主与高利贷者的围攻，受到贪官污吏的刁难与破坏，更不用说连年的战争造成了巨大的困难。困难正是一位绝好的老师,把我们锤炼得更加坚强。我们的口号是：威武不能屈，富贵不能淫，贫贱不能移，战乱不足忧!

十、不是救济，而是发扬

七十年前，当我在法国第一次接触中国的劳工时，我就发现他们并不缺乏智慧，而是缺乏发扬这智慧的机会。在以后的实践中，我更认识到：平民教育不是以慈悲为怀的施米施粥的贫民教育，而是培养国民元气，改进国民生活，巩固国家基础的新型教育。后来我们又提出：乡村改造是为了民族再造，农民——特别是青年农民——是乡村改造的主力。知识分子回到民间去，不是包办代替，而是启发教育农民，激发调动他们的主人翁意识，培养他们自发自动的精神。

IIRR 以有限的人力推动菲律宾几个基地的乡村改造实验，而为世界发展中国家培训乡村改造各种人才，就是立足于发扬。"发现、发明、发扬"的"三发"原则，始终是我们的基本思想。发现是指我们在与劳苦大众朝夕相处中发现了蕴藏在他们身上的无穷伟力；发明是说我们发明了开发人矿、脑矿的平民教育与乡村改造的一整套理论与方法；发扬则是说我们整个的系统旨在发扬民力、发扬人格平等的精神。我们不是包打天下的英雄，我们不是解救众生的基督，我们只是广大平民的朋友，乡村改造的事业没有千百万劳苦大众的自觉参与，是一定不能成功的！

我们为民服务，一定要牢记"民为邦本，本固邦宁"。现在世界上还有三分之二的人在受穷受苦，我们不揣冒昧，不分种族，不顾国界，以改造乡村，来负起达到天下一家的使命！